Die Neue Südtiroler Küche

Stefan Stabler |

Die Neue Südtiroler Küche

15 Meisterköche und ihre Lieblingsrezepte zum Nachkochen |

Karl Baumgartner | Thomas Haselwanter | Herbert Hintner | Wolfgang Kerschbaumer |
Armin Mairhofer | Hannes Malfertheiner | Anna Matscher | Norbert Niederkofler |
Chris Oberhammer | Hannes Pignater | Günther Plankensteiner | Heinrich Schneider |
Jörg Trafoier | Gregor Wenter | Gerhard Wieser |

Fotos von Andreas Marini |

VERLAGSANSTALT ATHESIA | BOZEN

SÜDTIROL

Mit freundlicher Unterstützung
der Autonomen Provinz Bozen – Südtirol,
Abteilung 36 – Tourismus

2009

Lektorat: Kathrin Kötz, Auer
Umschlaggestaltung: Ulrike Spögler, Meran
Layout: Athesiaverlag, Marion Prossliner
Satz: Athesiaverlag, Ulrike Teutsch
Druck: Athesiadruck, Bozen

ISBN 978-88-8266-602-6

www.athesiabuch.it
buchverlag@athesia.it

Thomas Widmann |

Genuss in Reinkultur

Der Mensch ist, was er isst – was manchen von uns wie ein abgedroschenes Sprichwort erscheinen mag, erlangt in unserer schnelllebigen Welt immer mehr Bedeutung. Sich an den Tisch setzen, ein gutes Essen genießen und auf bekömmliche Zutaten, eine intelligente und überzeugende Art der Zubereitung vertrauen zu können, dies bedeutet ein beträchtliches Stück Lebensqualität und die Gewissheit, sich selbst und seiner Gesundheit Gutes zu tun.

Südtirol empfiehlt sich als ein wahres Mekka für Anhänger bodenständiger und zugleich kreativer Küche. Das vorliegende Buch gewährt einen faszinierenden Einblick in Kunst und Ideenreichtum 15 großer Meister ihres Fachs: Selbstverständlichen Wert legen sie auf ausgesuchte Südtiroler Qualitätsprodukte als Basis für ihre Rezepte.

Aufgeschlossenheit für Neues und Rückbesinnung auf Traditionelles ergeben dann Köstlichkeiten, die uns als Sternstunden des Genusses in Erinnerung bleiben.

Ich wünsche eine angenehme Lektüre und gutes Gelingen!

Thomas Widmann
Landesrat für Handel

Wer ein Kochbuch schreibt ...

»Wer ein Kochbuch schreibt, sollte denen, die kochen müssen, Appetit darauf machen, kreativer und abwechslungsreicher zu kochen, und zugleich die Kreativität jener, die gern kochen, beflügeln. Der Kochbuchautor sollte daran denken, dass der Benutzer des Kochbuchs nicht ausschließlich in der Küche stehen, sondern, anders als der Meisterkoch, vor allem am Tisch der Gäste sitzen will. Ein gutes Kochbuch müsste sein wie die Bibel: Man liest darin zur Erbauung, aber sie lässt genug Spielraum für lässliche Sünden.«

Diese Sätze des Schriftstellers Robert Menasse standen eigentlich von Anfang an Pate für dieses regionale Kochbuch. Ein Kochbuch, das zeigen will, dass das kulinarische Südtirol nicht vereinfacht gleichzusetzen ist mit Knödeltris, Speckmarende und Schlutzkrapfen. Neue Wege werden in Südtirols Küchen beschritten, und das erfolgreich, wie die vielen Auszeichnungen auf nationaler und internationaler Ebene zeigen. Die Köche experimentieren mit neuen Kochtechniken, bringen behutsam neue Produkte ein, holen sich Anleihen aus der ganzen Welt – ohne dabei ihre regionalen Wurzeln zu vernachlässigen. Entsprechend setzt die neue Südtiroler Küche verstärkt auf heimische Produkte, auf Frische und Leichtigkeit und kombiniert diese intelligent und geschickt mit den Aromen der Welt. Die neue Südtiroler Küche wird zur Symbiose alpiner und mediterraner Genüsse, drückt Vitalität, Lebensfreude und Genuss aus. Dieses Buch will dank ausgewählter 15 Südtiroler Meisterköche – Botschafter dieser neuen Südtiroler Küche – diese neue Esskultur aufspüren und charakterisieren.

Kochbuch

»Die neue Südtiroler Küche« ist in erster Linie ein Kochbuch, und mit 75 Gerichten kann man es

auch getrost als solches bezeichnen. Der Auftrag an jeden Koch lautete: Fünf Gerichte sollen es sein – mindestens eine kalte Vorspeise, eine warme Vorspeise, ein Hauptgericht und ein Dessert; wahlweise als fünftes Gericht eine Suppe oder ein zweites Gericht aus den genannten Kategorien. Es wurde bei den Gesprächen mit den Köchen sehr viel Wert darauf gelegt, dass die Rezeptvorschläge anschaulich und einfach nachvollziehbar sind, gleichzeitig aber auch dem Hobbykoch Entfaltungsmöglichkeiten offen lassen. Die einheitliche Linie im Buch ist: Jedes Gericht muss ein Südtiroler Lebensmittel enthalten, zum Nachkochen anregen (alle Gerichte wurden am Herd des Küchenchefs gekocht und vom Autor probiert), die Zutaten müssen preislich in einem vernünftigen Rahmen liegen und ohne größere Probleme erhältlich sein. Das ist fast durchgängig gelungen, aber falls doch ausgefallenere Zutaten verwendet worden sind, so ist auch eine Bezugsquelle genannt.

Südtiroler Produkte

Jede Landschaft produziert ihre speziellen landwirtschaftlichen Produkte, jede Kultur hat ihre eigenen Traditionen entwickelt, ganz gleich ob durch Handel, Migration oder Heirat. Südtirol ist als Durchzugsland, aber vor allem als einstiges Bergbauernland, kulinarisch über Jahrhunderte geprägt worden. Es gibt heute eine Reihe von Produkten, die spontan mit Südtirol in Verbindung gebracht werden. Das sind vor allem Äpfel, Speck und Wein. Doch gibt es viele mehr – sie alle flossen in dieses Kochbuch ein.

Das A und O der guten Küche ist die Qualität der Lebensmittel, die heute aber durch genetische Modifizierungen und Uniformierung schwer gefährdet ist. Die Vielfalt der Sorten wird vielerorts ausgemerzt und nur die marktgängigsten Produkte bleiben oft übrig. Regionalität bedeutet aber auch, den Umkehrtrend einzuläuten und sich auf naturnahe, bäuerliche Produkte von Qualität einzulassen – auch der Logik der Jahreszeiten folgend und die Produkte dann anzubieten, wenn sie in der Umgebung wachsen. Diesbezüglich können Köche einen großen Beitrag leisten, denn qualitativ hochwertige Lebensmittel sind zweifelsohne das Wichtigste in der Küche. Und wenn der Koch weiß, wie das Kalb gefüttert oder das Gemüse angebaut worden ist, wird dem Essen sozusagen seine kulturelle Bedeutung zurückgegeben und dem Gast weitergereicht. Dass dabei regionale Produkte immer auch eine Geschichte über das Land erzählen, ist selbstredend. Und wenn man mehr über ein Land, über die Geschichte, die Menschen und die Beschaffenheit weiß, so nimmt man auch die dortigen Spezialitäten bewusster und differenzierter wahr.

Um das Besondere der Südtiroler Produkte dem Nachkochenden bewusst zu machen, werden mehrere Lebensmittel in einem eigenen Infokasten charakterisiert, geschichtliche Notizen vermerkt und die Bedeutung von einst und die Nutzung von heute beschrieben. Und da Essen und Wein eine perfekte Liaison eingehen, haben die Sommeliers der einzelnen Restaurants zu jedem Gericht einen Wein empfohlen – Südtiroler Rebensäfte selbstverständlich.

Genussschule

Wer ein Gericht isst, merkt schnell, ob es ihm schmeckt oder nicht, ob die verschiedenen Zutaten gut zueinanderpassen, ob das Gericht außergewöhnlich zubereitet ist, ob sich die Aromen in Harmonie oder Dissonanz auflösen. Um diese Geschmackserlebnisse bewusster werden zu lassen, wird jedem der 75 Gerichte eine kurze geschmackliche Charakterisierung vorangestellt. Jeder Hobbykoch sollte sich gedanklich darauf einstellen können, auf welche Aromen er sich freuen kann.

Die Köche

Interpreten und Botschafter der neuen Südtiroler Küche sind 15 herausragende Köche, die für die neue Südtiroler Küche stehen und diese tagtäglich in ihrem Restaurant nach außen transportieren. Alte, weitum bekannte Meisterköche sind im Buch ebenso vertreten wie neue, aufstrebende Jungstars. Allen gemeinsam ist die Interpretation der regionalen Küche für das Buch und tagtäglich in den eigenen Restaurants – wobei der Spannungsbogen vom klassischen regionalen Koch bis hin zum experimentellen Erneuerer reicht. Wesen und Charakter der Köche erklären sich vornehmlich über die vorgeschlagenen Gerichte, aber auch über ein zweiseitiges Porträt, in dem Mensch und Kochphilosophie beschrieben werden.

Fazit

Vielleicht ist dieses Buch doch mehr als ein einfaches Kochbuch: Vielleicht ist es ja auch ein bisschen Südtirol-Bildband, Sachbuch, kulinarisches Porträt einer Region und eines Berufsstandes … und schlussendlich eine Visitenkarte für das neue kulinarische Südtirol, das bewusst neue Wege sucht, ohne dabei seine Wurzeln zu verleugnen.

STEFAN STABLER

Karl Baumgartner

„Respektieren wir die Natur"! Sie ist die Basis meiner Passion und Energie und inspiriert mich zu kochen.

Respektieren wir die Natur! Sie ist die Basis meiner Passion und Energie und inspiriert mich zu kochen.

Berufliche Stationen

1975	Ausbildung Landesberufsschule für das Gastgewerbe (Service), Brixen, Südtirol
1980–1985	Restaurant Pichler, Mühlbach, Südtirol
seit 1986	Restaurant Schöneck, Pfalzen, Südtirol
	Gründungsmitglied der Jeunes Restaurateurs d'Europe, Italien

Wie Karl Baumgartners Küche beschreiben? Vielleicht so: eine unprätentiöse und doch souverän modern interpretierte Küche, die sich die Frische und Leichtigkeit der italienischen Küche zu Eigen macht und dabei sehr kompakt und harmonisch arrangiert wird. Baumgartners Ansinnen ist es, lange in Erinnerung bleibende Kombinationen anzubieten; kurze Aha-Effekte und Effekthascherei sind ihm wahrlich fremd. Vielmehr setzt er auf die Kraft der regionalen Produkte, intelligent ergänzt durch den Reichtum des Mittelmeers, und lässt diese zu durchdachten Kombinationen verschmelzen. Dabei entwickelt er Tiefgang und setzt aromatische Akzente – kurzum, man freut sich uneingeschränkt auf die Küche Baumgartners.

Dass der Autodidakt dies alles stets locker und gut gelaunt schafft, hat wohl nicht nur mit Talent und noch mehr Fleiß zu tun, sondern damit, dass er einen ausgesprochen ausgeprägten Sinn für das Schöne im Leben hat. Die fröhliche Atmosphäre im Restaurant Schöneck ist so nicht nur Ausdruck eines simplen Essens, sondern das Zusammenspiel von alledem, was Baumgartner selbst ist und auch gerne seinem Gast weitergibt: Freude an Geselligkeit, Muse für die Kunst, Weitblick für das Reisen und selbstverständlich der entwickelte Sinn für gutes Essen und Trinken. Das »Schöneck« im Pustertaler Dorf Pfalzen wird somit zum Refugium der Sinne, in dessen Mittelpunkt die Kochkunst Karl Baumgartners steht. Schon nach ein, zwei Gerichten versteht man, dass der Koch das Wesen der Produkte nicht nur verstanden hat, sondern

ihre Kraft respektiert und zum Vorschein zu bringen vermag. Die so simple und doch so komplexe kulinarische Kunst, die besagt, man müsse eigentlich nur zwei oder drei Dinge kraftvoll auf dem Teller zusammenfügen, beherrscht er aus dem Effeff. Und seine konstanten Höchstleistungen (er zählt ohne Zweifel zu den Grand Chefs Südtirols) sind eigentlich nur erklärbar mit Leidenschaft für den Beruf, dann mit Neugier, zudem mit der Lust, Dinge zu hinterfragen und schließlich mit dem nötigen Ernst, der Fortschritt auch in einer verlässlichen Beständigkeit erkennt. Kurzum: So muss wohl die Südtiroler Kochkunst der Neuzeit aussehen, wenn sie ernsthaft betrieben und in Leichtigkeit ausgeführt wird. Es scheint, als habe Baumgartner – Quereinsteiger und Autodidakt – in seinem Leben nie etwas anderes gemacht, als anspruchsvolle Gerichte in spielerischer Leichtigkeit auf die Teller zu setzen.

Rosa gebratene Scheiben vom Rehnüsschen auf süßsauren roten Zwiebeln

Dieses Gericht ist ein wunderschönes Spiel mit süßen und sauren Komponenten, wobei die Kunst darin besteht, dass alles harmonisch zusammenfindet und keine der Komponenten dominiert.

Für das Rehnüsschen

2	Rehnüsschen à 200 g
	etwas Dijon-Senf
4	Wacholderbeeren, zerdrückt
1 Bund	Bohnenkraut
1	Lorbeerblatt
	etwas Orangenschale
1 Schuss	Gin
	Olivenöl
	etwas Butter
	Salz, Pfeffer

Für die süßsauren roten Zwiebeln

2	rote Zwiebeln
½	Zimtstange
5	Wacholderbeeren, zerdrückt
1 TL	Ingwer, gerieben
1	Lorbeerblatt
	etwas Orangenschale
½ TL	Senfkörner, zerdrückt
1	kleine Chilischote, halbiert und entkernt
	Olivenöl
80 g	Rotweinessig
2 EL	brauner Rohrzucker
	Salz, Pfeffer

Zum Anrichten

	Fichten- oder Kastanienhonig
1	Apfel, in Würfel geschnitten
	marinierte Preiselbeeren (s. Tipp)
	Maldon Sea Salt
	Balsamico-Essig
	Thymianblüten

Rehnüsschen

- Rehnüsschen mit Dijon-Senf einstreichen, salzen und pfeffern. In heißem Olivenöl auf allen Seiten gut anbraten, die Gewürze und etwas Orangenschale zufügen und kurz mitrösten. Butter dazugeben und das Fleisch damit ständig überglänzen.
- Zum Schluss mit Gin flambieren und bei 80 Grad im vorgeheizten Backofen 15 Minuten ruhen lassen.

Süßsaure Zwiebeln

- Zwiebeln in feine Streifen schneiden und kurz blanchieren. Zusammen mit braunem Zucker in eine Pfanne mit Olivenöl geben und etwa 10 Minuten dünsten lassen.
- Gewürze zufügen und weitere 10 Minuten schmoren lassen. Mit Rotweinessig ablöschen, salzen und pfeffern. Noch etwas auf kleiner Flamme ziehen lassen.

Anrichten

- Die süßsauren Zwiebeln auf Teller geben, das in dünne Scheiben geschnittene Reh darauflegen. Mit Apfelwürfeln, Honig, eingelegten Preiselbeeren und Thymianblüten garnieren, Maldon Sea Salt darüberstreuen und mit einigen Tropfen Olivenöl und Balsamico-Essig beträufeln.

Tipps

Statt *Maldon Sea Salt* kann man auch Fleur de Sel verwenden.

Für die *marinierten Preiselbeeren* 1 kg Preiselbeeren mit 200–300 g Zucker vermischen und in der Küchenmaschine auf kleinster Stufe 3 Stunden rühren. Am Ende noch etwas Kirschwasser zufügen.

Weinempfehlung
Riesling
Weingut Falkenstein, Franz Pratzner, Naturns

Schlutzkrapfen aus Boxelemehl mit Almkäsefonduta in Sauté von Kobis und Kümmel

Eine Variation der traditionellen Schlutzkrapfen (mit Spinatfüllung) und der klassischen Weißkrautbeilage (Salat, abgeschmeckt mit Kümmel).

Für den Nudelteig

150 g	Weizenmehl
100 g	Hartweizengrieß
50 g	Boxelemehl (aus dem Bioladen)
10	Eigelb
1 EL	Olivenöl
	etwas Wasser

Für die Füllung

250 g	Milch
250 g	Sahne
30 g	Mehl
50 g	Butter
300 g	Almkäse, in Würfel geschnitten
	etwas Muskatnuss
	etwas Zitronen- und Orangenschale, gerieben
50 g	Nussöl
1 Prise	Pfeffer

Für die Sauté

200 g	junger Kobis, in Streifen geschnitten
	etwas Butter
	Olivenöl
1 TL	Kümmel, zerdrückt
125 g	Gemüsefond (s. Grundrezept S. 222)
	etwas kalte Butter

Zum Anrichten

2 Blätter	Liebstöckel, fein geschnitten
	Salz, Pfeffer

Nudelteig und Füllung

- Milch und Sahne erwärmen. Mehl in zerlassener Butter anschwitzen, Milch-Sahne-Mischung unter ständigem Rühren dazugeben und kurz aufkochen. Etwa 10 Minuten köcheln lassen.
- Almkäsewürfel dazugeben und weitere 5 Minuten ziehen lassen, bis die Masse eine cremige Konsistenz hat. In eine Schüssel umfüllen und etwas abkühlen lassen. Mit Salz, Pfeffer, Muskatnuss sowie geriebener Zitronen- und Orangenschale abschmecken und Nussöl unterrühren. Die Masse abgedeckt über Nacht im Kühlschrank fest werden lassen.
- Alle Zutaten für den Nudelteig vermengen und zu einem glatten Teig verkneten. Mit Klarsichtfolie abdecken und 1 Stunde ruhen lassen.
- Nudelteig dünn ausrollen und Kreise ausstechen. Mit einem Spritzsack etwas Füllung auf die obere Hälfte spritzen, Teigränder mit Wasser bestreichen und die untere Hälfte darüberklappen.
- Die Schlutzkrapfen in Salzwasser etwa 5 Minuten kochen lassen.

Sauté

- Kobis in Butter und Olivenöl ansautieren, mit zerdrücktem Kümmel abschmecken und mit Gemüsefond aufgießen. Noch etwas dünsten lassen. Mit kalter Butter binden.

Anrichten

- Schlutzkrapfen zum Kobis geben und im Sud noch etwas ziehen lassen. Anschließend auf Teller verteilen und mit Liebstöckel, Salz und Pfeffer würzen.

Weinempfehlung
Sauvignon »Lafoa«
Kellerei Schreckbichl, Girlan

Risotto mit Kürbis, Radicchio und Traubenmost-Balsamico-Reduktion

Der süße Kürbis und der bittere Radicchio ergänzen einander erstaunlich gut, ebenso Traubenmost und Balsamico-Essig.

Zutaten

250 g	Carnaroli-Reis
100 g	Kürbis, in sehr kleine Würfel geschnitten
100 g	Radicchio, klein geschnitten
30 g	Lardo (weißer Speck), in feine Würfel geschnitten
20 g	Schalotten, fein gehackt
250 g	Südtiroler Sekt
1 l	Geflügelfond (s. Grundrezept S. 223)
50 g	kalte Butter
100 g	gereifter Parmesan
	Olivenöl
1 EL	Sojasauce
	Salz, Pfeffer

Zum Anrichten

Traubenmost-Balsamico-Reduktion (s. Tipp)
Kürbiskerne

Zubereitung

- Lardo mit Olivenöl anschwitzen, Reis dazugeben und kurz farblos toasten. Kürbis- und Schalottenwürfel zufügen, mit Sekt ablöschen und einkochen lassen.
- Den heißen Geflügelfond angießen, sodass der Reis bedeckt ist. Unter ständigem Rühren etwa 10 Minuten kochen lassen, dabei immer wieder mit Geflügelfond aufgießen. Radicchio unterrühren und weitere 5 Minuten kochen lassen.
- Mit Salz, Pfeffer und Sojasauce abschmecken. Vom Herd nehmen und mit Parmesan und kalter Butter binden.

Anrichten

- Risotto auf Teller geben, mit der Traubenmost-Balsamico-Reduktion beträufeln und mit Kürbiskernen garnieren.

Tipps

Der *Radicchio* verliert seine Bitterstoffe, wenn man ihn für 1–2 Stunden in lauwarmes, gezuckertes Wasser legt.

Für die *Traubenmost-Balsamico-Reduktion* 500 g roten Traubensaft, 300 g Balsamico-Essig, 300 g Rohrzucker und 1 EL Salz auf kleiner Flamme einreduzieren lassen, bis eine sirupartige Konsistenz entsteht. Durch ein Sieb passieren und in Gläser abfüllen. Die Reduktion lässt sich gut im Kühlschrank aufbewahren.

Weinempfehlung
Pinot Grigio
Weingut Köfererhof, Günther Kerschbaumer, Neustift

Trauben und Wein Das Weinland Südtirol ist mit 5000 Hektar Anbaufläche ausgesprochen klein, doch diesseits und jenseits des Brenners sehr geachtet. Insbesondere mit den Weißweinen punktet Südtirol international. Zudem ist Südtirol Heimat der autochthonen Rebsorten Vernatsch und Lagrein und das Dorf Tramin Namensgeber für die Weißweinsorte Gewürztraminer. Hauptanbaugebiete sind das Überetsch und das Unterland (z. B. Kalterersee und Gewürztraminer), rund um Bozen (etwa Lagrein und St. Magdalener), der Meraner Raum, das Eisacktal und der Vinschgau (in beiden letzteren fast ausschließlich Weißweine).

Lammbauernbratl

Früher wusste man noch, dass ein Tier nicht nur aus Filet und Kotelett besteht, sondern alles verwertet werden musste. Dieses »Bauernbratl« zeigt, dass auch die vermeintlich weniger »edlen« Teile vorzüglich schmecken.

Zutaten für 6 Personen

800 g	Lammfleisch (Brust, Schulter und Rücken)
	etwas Senf
50 g	Lardo (weißer Speck), in kleine Würfel geschnitten
200 g	Schalotten, geschält und geviertelt
3	Knoblauchzehen, angedrückt
½ EL	Tomatenmark
500 g	leichter Rotwein
250 g	Kartoffeln, geschält und in große Würfel geschnitten
200 g	junge Karotten
1	Kräuterstrauß (Thymian, Rosmarin, Salbei, Bohnenkraut, Majoran)
	etwas Wasser oder Fleischbrühe (nach Bedarf)
	Olivenöl
	Salz, Pfeffer
	Paprikapulver

Zum Anrichten

Majoranblättchen

Zubereitung

- Lammfleisch aus der Brust in Rippchen hacken. Das parierte Schulterfleisch in Würfel schneiden und den Rücken in Koteletts. Fleisch mit Senf bestreichen und mit Salz, Pfeffer und Paprikapulver würzen.
- In einem Bräter zusammen mit dem Lardo in Olivenöl anbraten, Knoblauch und Schalotten dazugeben und mitrösten lassen. Tomatenmark unterrühren und ebenfalls kurz mitrösten.
- Rotwein angießen und bei 200 Grad im vorgeheizten Backofen etwa 40 Minuten schmoren. Dann Kartoffeln, Karotten und Kräuterstrauß dazugeben. Eventuell mit Wasser oder Fleischbrühe aufgießen und noch einmal 10–15 Minuten garen lassen.

Anrichten

- Das Lammbratl mit Majoranblättchen bestreuen und im Topf servieren.

Tipp

Man sollte für dieses Gericht kein mageres Fleisch verwenden, da das »Bratl« sonst zu trocken wird.

Weinempfehlung

Lagrein Riserva
Erbhof Unterganzner, Josephus Mayr, Kardaun

Milchreisschmarrn auf Zwetschgenragout mit Joghurt-Buttermilch-Eis

Schmarrn ist eine traditionsreiche Südtiroler Süßspeise, die hier jedoch nicht aus einem Eierkuchenteig gemacht wird, sondern mit Reis.

Für den Schmarrn

- 1 l warme Milch
- 300 g Vialone Nano (Rundkornreis)
- 90 g Zucker
- 20 g kandierte Zitronenschale, fein geschnitten
- 1 Zimtstange
- 1 Vanilleschote
- 150 g Topfen
- 30 g Sultaninen, in etwas Wasser und Rum eingeweicht
- 100 g Amarettokekse, zerbröselt
- ½ unbehandelte Orange (Schale, abgerieben)
- 8 Eigelb
- 8 Eiweiß
- 1 Prise Salz

Für das Zwetschgenragout

- 200 g Zwetschgen, entsteint und halbiert
- 40 g Zucker
- 10 g Butter
- 1 Vanilleschote
- 1 EL Glucosesirup
- 2 Gewürznelken
- 1 Prise Salz
- ½ Zitrone (Saft)
- 40 g Portwein
- 40 g Zwetschgenbrand

Für das Joghurt-Buttermilch-Eis

- 200 g Joghurt
- 200 g Buttermilch
- 1 unbehandelte Zitrone (Saft und Schale)
- 1 unbehandelte Orange (Schale, abgerieben)
- 1 EL Glucosesirup
- 150 g Staubzucker

Zum Anrichten

- Staubzucker
- Minze
- Pistazien, gehackt
- 4 Zuckerblätter

Schmarrn

- 70 g Zucker karamellisieren lassen, Milch dazugießen und aufkochen. Vanillestange aufschlitzen und zusammen mit der Zimtstange zur Milch geben. Reis einrühren und unter ständigem Rühren etwa 25 Minuten kochen lassen.
- Zimtstange und Vanilleschote herausnehmen. Topfen, Amarettokekse, eingeweichte Sultaninen, kandierte Zitronenschale und Orangenschale unter den Reis rühren.
- Eigelb mit 10 g Zucker schaumig schlagen und unter die Masse ziehen.
- Eiweiß mit dem restlichen Zucker und einer Prise Salz steif schlagen und ebenfalls unterheben.
- In einer Pfanne etwas Butter schmelzen lassen, die Reismasse etwa 2 cm hoch hineingeben und im vorgeheizten Backofen bei 180 Grad etwa 15 Minuten goldbraun backen.

Zwetschgenragout

- Zucker mit Butter und Glucosesirup schmelzen lassen, ohne dass er braun wird. Zwetschgen zugeben und zusammen mit Zitronensaft, Portwein, Gewürznelken, aufgeschlitzter Vanillestange und 1 Prise Salz vorsichtig ziehen lassen.
- Zum Schluss mit Zwetschgenbrand flambieren.

Joghurt-Buttermilch-Eis

- Glucosesirup erwärmen und gut mit den anderen Zutaten vermischen. In der Eismaschine gefrieren lassen.

Anrichten

- Schmarrn mit einer Gabel in kleine Stücke reißen. Zwetschgenragout auf Tellern anrichten, Schmarrn daraufsetzen, mit Minze und gehackten Pistazien garnieren und mit Staubzucker bestreuen. Eis in einem Schälchen mit Zuckerblatt dekoriert dazu servieren.

Weinempfehlung
Goldmuskateller »Vinalia«
Kellerei Bozen

Thomas Haselwanter

Mein Ziel ist es, Regionales mit Mediterranem harmonisch miteinander zu verbinden.

Mein Ziel ist es, Regionales mit Mediterranem harmonisch miteinander zu verbinden.

Berufliche Stationen

1985	Ausbildung Hotel Posta Zirm, Corvara, Südtirol
seit 1988	Unterwirt, Gufidaun, Südtirol
seit 2000	Betriebsübernahme Unterwirt, Gufidaun, Südtirol

■ Thomas Haselwanters Küche ist eine Symbiose zwischen Neuentdeckungen und Traditionellem, die im Bewährten das Überraschungsmoment verbirgt. Er sieht seine professionelle Herausforderung dort, wo die Basis für seine Küche liegt: bei den Produkten. Diese so zu verarbeiten, dass sie als anspruchsvolle regionale Küche erkannt werden, ist Weg und Ziel Haselwanters. Mühelos bewegt er sich längs dieses Grates, der zwischen vermeintlicher Provinzialität und den hohen Ansprüchen nach einwandfreier und innovativer Zubereitung und Präsentation liegt.

Neben den regionalen Produkten liegt die zweite Vorliebe Haselwanters bei Fisch und Gemüse. Und auch hier: Die Gerichte des zurückhaltenden Kochs sind keine Knaller, kommen nie wuchtig oder gar präpotent daher. Vielmehr ist Haselwanter ein Meister der leisen Töne, der sanft zueinanderfindenden Geschmacksnuancen und -steigerungen. Die Kraft seiner Gerichte wird sich nie in den Vordergrund zu stellen versuchen, sondern tiefgründig den Gaumen mit dem letzten Bissen ausfüllen und in der Erinnerung Spuren hinterlassen. Und so könnte man seine Küche als eine glückliche Vermählung zwischen einer traditionellen Landhausküche mit regionalen Produkten (die vorzugsweise aus der nächsten Umgebung stammen) und einer unbeschwerten, leichten Fisch- und Gemüseküche bezeichnen. Gerade das oft zur Beilage degradierte Gemüse holt er mit Zubereitungsgeschick und innova-

tiven Kombinationen aus dem Schatten und setzt sie pointiert in den geschmacklichen Mittelpunkt.
Bei allen Gerichten – seien sie regional betont oder mediterran bestimmt – bleibt Haselwanter in der Zubereitung und Interpretation eher klassisch, lässt behutsam neue Aromen einfließen und setzt Edelprodukte, wenn sie denn passen, nicht zur Preistreiberei ein, sondern als sinnvolles Mittel zu Steigerung des Genusses. Dass alle Produkte so frisch wie möglich sind und den Rhythmen der Natur folgen, ist bei Haselwanter selbstverständlich. Um die passenden Weine zu den Gerichten kümmert sich Ehefrau Cornelia Haselwanter.
Aufgetischt wird oberhalb von Klausen im Bergdorf Gufidaun in einer Stube aus dem 13. Jahrhundert, in der die Tradition Südtirols dank des Einfallsreichtums von Thomas Haselwanter lebendig erhalten bleibt und sich mit der Leichtigkeit des Mediterranen behutsam vermählt.

Lauwarmer Tafelspitz mit Wurzelgemüse und gebackener Kalbskopf auf grüner Kräutersauce

Während für den Tafelspitz in der Regel Rindfleisch verwendet wird, kommt hier eine Variante mit Kalbfleisch zum Zug. Zusammen mit heimischem Wurzelgemüse bildet er einen guten Kontrast zum gebackenen Kalbskopf und zur würzig-sauren Kräutersauce.

Für den Tafelspitz

600 g	Kalbstafelspitz
2	Karotten
½	Sellerieknolle
1	kleiner Kohlrabi
2 Stangen	grüner Staudensellerie
1	Zwiebel
	Weinessig
	Salz, Pfeffer
	Sonnenblumenöl

Für den Kalbskopf

240 g	Kalbskopf (beim Metzger vorbestellen)
	etwas Mehl
1	Ei
	Schwarzbrotbrösel
	Öl zum Frittieren

Für die Kräutersauce

1 Bund	Basilikum
1 kl. Bund	Petersilie
2	Essiggurken
10	Essigzwiebelchen
2 EL	Kapern
1 EL	Senf
50 g	Olivenöl
50 g	Sonnenblumenöl
1 Schuss	Essig
	Salz, Pfeffer

Zum Anrichten

	Kresse

Tafelspitz

- Sellerieknolle schälen, die Hälfte in dünne 4–5 cm lange Streifen schneiden, die andere Hälfte zusammen mit 1 Karotte, 1 Zwiebel, 1 Stange Staudensellerie und dem Tafelspitz in einen Topf mit kochendem Wasser geben und etwa 1½ Stunden kochen lassen.
- Fleisch herausnehmen, in ein nasses Tuch einschlagen und auskühlen lassen. Fleischbrühe warm stellen.
- Das restliche Gemüse in dünne Streifen schneiden (4–5 cm lang) und zusammen mit den Selleriestreifen in Salzwasser bissfest kochen. In Eiswasser abschrecken. Weinessig, Sonnenblumenöl, Salz und Pfeffer verrühren. Gemüsestreifen darin marinieren.
- Tafelspitz in nicht zu dünne Scheiben schneiden und in der heißen Fleischbrühe wärmen. Gemüsestreifen auf die Fleischscheiben legen und einrollen.

Kalbskopf

- Kalbskopf in 12 Würfel von etwa 2 x 2 cm schneiden, in Mehl, Ei und Brotbrösel wenden und im heißen Öl goldgelb ausbacken. Auf Küchenpapier abtropfen lassen.

Kräutersauce

- Alle Zutaten im Mixer fein pürieren. Sollte die Sauce zu dick sein, noch etwas Olivenöl dazugeben. Mit Salz und Pfeffer abschmecken.

Anrichten

- Die Kräutersauce als Streifen auf die Teller geben. Den gebackenen Kalbskopf und die mit Wurzelgemüse gefüllten Tafelspitzscheiben abwechselnd daraufsetzen. Mit Kresse garnieren.

Weinempfehlung
Blauburgunder »Hausmannhof«
Haderburg, Alois Ochsenreiter, Salurn

Wurzelgemüse Gemüse steht bereits seit 5000 Jahren auf unseren Speiseplänen. Die Globalisierung ist dafür verantwortlich, dass viele Gemüsesorten verschwunden sind. Heute geht auch in Südtirol der Trend zur Rückbesinnung auf das oft süßlich und aromatisch schmeckende Wurzelgemüse, das heißt zu essbaren und nährstoffreichen Speicherwurzeln bzw. Rüben. Einige Bauern haben sich dieser Aufgabe verschrieben, und das Ergebnis sind Pastinaken, Topinambur, Steckrüben, Rohnen, Rettich, Schwarzwurzeln, die auch in der feinen regionalen Küche großen Anklang finden.

Offener Schlutzkrapfen mit Spinat und Bergkäse

Die Schlutzkrapfen zählen zu den traditionellsten Gerichten Südtirols. Der Name kommt von »schlutzen«, was im Südtiroler Dialekt so viel wie »gleiten« oder »rutschen« heißt. Schlutzkrapfen sind aus Weizen- und Roggenmehl und immer mit Spinat gefüllt. Hier ist die Form jedoch nicht halbrund, sondern offen.

Für den Teig

- 150 g Roggenmehl
- 150 g Weizenmehl
- 2 Eier
- etwas Olivenöl
- lauwarmes Wasser (nach Bedarf)
- lauwarme Milch (nach Bedarf)
- Salz

Für die Spinatfüllung

- 400 g Blattspinat
- 200 g Bergkäse, in dünne Scheiben geschnitten
- 100 g Gemüsefond (s. Grundrezept S. 222)
- 150 g kalte Butterwürfel
- Salz, Pfeffer

Zum Anrichten

- Bergkäse, gehobelt
- Schnittlauch, fein geschnitten

Teig und Füllung

- Alle Zutaten zu einem geschmeidigen Teig verkneten, mit Klarsichtfolie abdecken und etwa 1 Stunde ruhen lassen.
- Teig dünn ausrollen und 20–25 Kreise (10 cm Ø) ausstechen, auf ein bemehltes Blech legen.
- Spinat in kochendem Salzwasser blanchieren und in Eiswasser abschrecken. Auf einem Küchentuch abtropfen lassen.
- Gemüsefond aufkochen, vom Herd nehmen und die kalten Butterwürfel einrühren. Eine kleine Menge dieser Sauce zum Anrichten bereitstellen. Spinat in der restlichen Sauce erwärmen und mit Salz und Pfeffer würzen.
- Teigblätter in Salzwasser 2–3 Minuten kochen lassen.

Anrichten

- Auf einem Teller abwechselnd Teigblätter (insgesamt 4–5 pro Person), Spinat und Käse aufschichten. Mit bereitgestellter Sauce beträufeln und mit gehobeltem Bergkäse und Schnittlauch garnieren.

Weinempfehlung
Müller Thurgau
Hoandlhof, Manfred Nössing, Brixen

Knödel aus Lüsner Ziegenfrischkäse auf Terlaner Spargelragout

Ein leichtes, bekömmliches Gericht, das zwei Südtiroler Besonderheiten zusammenbringt: den Ziegenfrischkäse aus dem Bergdorf Lüsen und den Terlaner Spargel.

Für die Knödel

400 g	Lüsner Ziegenfrischkäse
2	Eigelb
1	Ei
1 EL	Mehl
40 g	Butter, geschmolzen
100–120 g	Toastbrot, in kleine Würfel geschnitten
1 Bund	Petersilie
1 l	kaltes Wasser
	Zitronensaft
	Salz, Pfeffer

Für das Spargelragout

500 g	Terlaner Spargel
1 Schuss	Weißwein
200 g	kalte Butterwürfel
	etwas Zitronensaft
	Salz

Zum Anrichten

	Schnittlauch oder Kresse, fein geschnitten
	gereifter Ziegenkäse oder Parmesan, gehobelt
6	Kirschtomaten, geschält und geschmort

Knödel

- Petersilienblätter abzupfen und mit dem kalten Wasser 1 Minute im Mixer pürieren. Flüssigkeit durch ein Sieb gießen und langsam zum Kochen bringen. Eigelb und Ei aufschlagen. Ehe die Flüssigkeit kocht, das Chlorophyll abschöpfen, das an der Oberfläche schwimmt und zur Eiermasse geben.
- Geschmolzene Butter schaumig rühren, die Hälfte der Eiermasse langsam einrühren, Mehl zufügen und die restliche Eiermasse unterrühren.
- Ziegenfrischkäse und Toastbrotwürfel dazugeben und gut vermischen. Mit Salz, Pfeffer und Zitronensaft abschmecken und abgedeckt etwa 30 Minuten ruhen lassen. Kleine Knödel formen und in Salzwasser etwa 10 Minuten köcheln lassen.

Spargelragout

- Spargel schälen. Salzwasser zum Kochen bringen, 1 Schuss Weißwein dazugeben und Spargel darin 3–4 Minuten bissfest garen, herausnehmen und auf einem Blech auskühlen lassen. 100 g Spargelfond abnehmen und beiseite stellen. Spargel in Stücke schneiden.
- Spargelfond zum Kochen bringen, vom Herd nehmen, kalte Butter einrühren und mit Salz und Zitrone abschmecken.

Anrichten

- Spargel in der Mitte des Tellers anrichten. Knödel daraufsetzen, mit Sauce beträufeln und mit gehobeltem Ziegenkäse oder Parmesan bestreuen. Mit geschmorten Tomaten garnieren.

Weinempfehlung
Sauvignon »Praepositus«
Stiftskellerei Neustift

Terlaner Spargel Im Spargeldreieck Terlan-Vilpian-Siebeneich dreht sich im April und Mai alles um das königliche Gemüse, das auf den sandigen Böden des Etschtals bereits vor über 100 Jahren angebaut wurde. Bauern haben diese Tradition wieder aufgenommen und ernten ein Gemüse, das vor Vitaminen, Mineral- und Nährstoffen nur so strotzt. Der Terlaner Spargel wird unter dem Namen Margarete vermarktet und erinnert an die einstige Landesfürstin, die sich gerne auf Burg Neuhaus oberhalb von Terlan aufhielt.

Gedämpfter Bachsaibling auf mariniertem Kohlrabi, Radieschen und Bachkresse

Das Dämpfen ist eine sehr schonende Zubereitungsweise. Der Fisch bleibt saftig und bekommt ein wunderbares Aroma. Kohlrabi, Radieschen und Bachkresse sind die passenden Begleiter zum Saibling, dem feinsten aller Süßwasserfische.

Für den Bachsaibling

4	Bachsaiblingfilets (mit Haut), entgrätet
2	kleine Kohlrabi, in kleine Würfel geschnitten
4	Radieschen, in dünne Scheiben geschnitten
1 Bund	Bachkresse
	etwas Gemüsefond (s. Grundrezept S. 222)
	Salz
3 EL	Olivenöl
1 EL	milder Weißweinessig
	etwas Zitronensaft
	Salz, Pfeffer

Für das Tomateneis

600 g	Datteltomaten
100 g	Glucosesirup
20 g	Zucker
1 Msp.	Peperoncino
1 Bund	Basilikum
	Olivenöl
	Salz, Pfeffer

Zum Anrichten

Basilikumblätter
verschiedene Blattsalate
Bachkresse
Olivenöl
Fleur de Sel

Bachsaibling

- Kohlrabiwürfel in Salzwasser bissfest kochen und in Eiswasser abschrecken. Olivenöl, Weißweinessig, Zitronensaft, Salz und Pfeffer gut miteinander verrühren und den Kohlrabi damit marinieren.
- Saiblingsfilet aufrollen und mit einem Zahnstocher fixieren. Salzen und mit Kräutern belegen. Gemüsefond in einen Dampfgarer oder einen Topf mit Siebeinsatz geben und den Fisch darin zugedeckt 3–4 Minuten (je nach Größe der Filets) dämpfen lassen.

Tomateneis

- Olivenöl leicht erwärmen, fein geschnittene Basilikumblätter dazugeben. Vom Herd nehmen und erkalten lassen.
- Datteltomaten klein schneiden und mit Salz, Pfeffer und Peperoncino würzen. Etwa 1 Stunde ziehen lassen.
- Tomaten zusammen mit Basilikumöl, Zucker und Glucosesirup im Mixer pürieren. Durch ein feines Sieb gießen und in der Eismaschine gefrieren lassen.

Anrichten

- Kohlrabi, Bachkresse und Radieschenscheiben auf Tellern anrichten. Filets daraufsetzen, mit Olivenöl beträufeln und mit Fleur de Sel bestreuen. Mit Salaten, Basilikum und einer Nocke Tomateneis garnieren.

Weinempfehlung
Kerner
Weingut Köfererhof, Günther Kerschbaumer, Neustift

Saibling Der Bachsaibling – er stammt eigentlich aus Nordamerika – ist der Traum eines jeden Fischers und Gourmets. Er lebt in kalten Fließgewässern und hat ein zartes, delikates Fleisch mit hohem Eiweißanteil und niederem Fettgehalt. In Südtirol wurde er Ende des 19. Jahrhunderts dort ausgesetzt, wo sich die Bachforelle nicht behaupten konnte. Man findet ihn hauptsächlich in den Oberläufen bzw. Quellregionen einzelner Gebirgsbäche. Eine alte Fischerweisheit besagt: Der Saibling fühlt sich oberhalb des letzten Hofes am wohlsten.

Apfelstrudel im Glas

Der Apfelstrudel, die bekannteste Südtiroler Mehlspeise, wird hier neu interpretiert. Die klassischen Zutaten, allen voran die Südtiroler Äpfel, sind natürlich mit dabei.

Für den Apfelstrudel

3	Golden Delicious
2 EL	Zucker
1	Zitrone
2 EL	Butter
3 EL	Brotbrösel
2 EL	Pinienkerne, geröstet
	Zimt

Für den Vanilleschaum

125 g	Milch
250 g	Sahne
1	Vanilleschote
3	Eigelb
1	Ei
50 g	Zucker

Zum Anrichten

	Vanilleeis
	Minzeblätter
	Ziehteigblätter (s. Tipp)
	etwas Brotbrösel, geröstet

Apfelstrudel

- Äpfel schälen und in kleine Würfel schneiden. Mit Zucker und Zitronensaft vermischen und in einer Pfanne 2–3 Minuten schmoren lassen.
- Butter schmelzen, bis sie leicht gebräunt ist, Brotbrösel dazugeben und anrösten. Zusammen mit den gerösteten Pinienkernen zu den Äpfeln geben und vermischen. Mit Zimt abschmecken.

Vanilleschaum

- Milch, 125 g Sahne und die aufgeschlitzte Vanilleschote zum Kochen bringen.
- Eigelb, Ei und Zucker schaumig rühren. Die kochende Milch-Sahne-Mischung dazugeben und auf dem Wasserbad zur Rose abziehen. Abkühlen lassen und die restlichen 125 g Sahne unterrühren.
- In einen Siphon füllen und mit 1–2 Gaskapseln laden.

Anrichten

- Äpfel in Gläser füllen, jeweils eine Kugel Vanilleeis dazugeben und mit Vanilleschaum auffüllen. Mit Ziehteigblättern, Minze und gerösteten Brotbröseln garnieren.

Tipp
Ziehteigblätter in Dreiecke schneiden, mit flüssiger Butter bestreichen und mit Staubzucker bestreuen. 5–6 Minuten im auf 180 Grad vorgeheizten Backofen backen.

Weinempfehlung
Rosenmuskateller
Franz Haas, Montan

Apfel Der Apfelbaum prägt die Südtiroler Landschaft. Ein Blick zurück in die Geschichte des Landes verrät, dass bis ins 19. Jahrhundert aber Viehwirtschaft und Ackerbau dominierten. Landwirtschaftlich genutzt werden konnten damals nur Hügel und Hanglagen, da die Tallagen, vor allem im Etschtal, häufig noch Sumpf- und Moorgebiet waren. Nach der Trockenlegung weiter Talböden zwischen Meran und Salurn setzte schließlich der Aufschwung des Obstbaus ein. Später gesellten sich auch der Vinschgau und das Eisacktal mit seinem Apfelplateau um Natz-Schabs dazu. Heute ist Südtirol mit etwa 18.000 Hektar Anbaufläche das größte geschlossene Obstbaugebiet Europas und bildet die Existenzgrundlage für rund 8000 Südtiroler Familien. 11 Prozent aller in Europa geernteten Äpfel stammen aus Südtirol und 11 Südtiroler Apfelsorten sind mit dem europäischen Gütesiegel der »geschützten geografischen Angabe« ausgezeichnet.

Herbert Hintner

DAS WISSEN UM DIE HERKUNFT
DER PRODUKTE GIBT UNS
KULINARISCHE WURZELN.

Das Wissen um die Herkunft der Produkte gibt uns kulinarische Wurzeln.

Berufliche Stationen

1972	Ausbildung Hotel Centrale, Gadertal, Südtirol
1973–1982	Tätigkeit in verschiedenen Hotelküchen, u. a. Hotel Klosterbräu, Seefeld (A)
seit 1985	Restaurant Zur Rose, Eppan, Südtirol
	Sechs Jahre Präsident der Jeunes Restaurateurs d'Europe, Italien

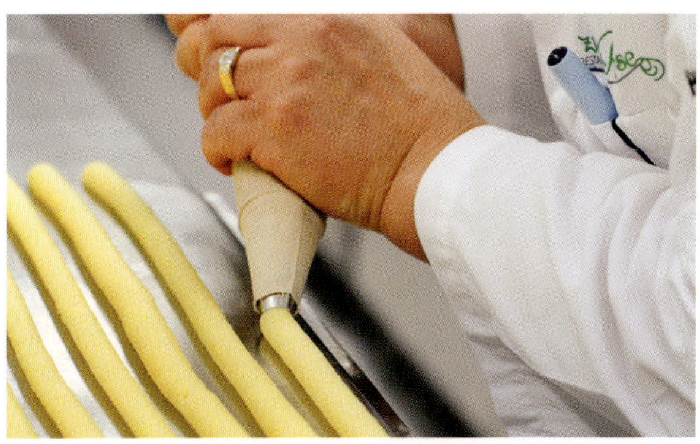

Herbert Hintner ist regionaler Genussbotschafter par excellance. In jedem seiner Gerichte steckt ein Stück Heimat, oft offenkundig, manchmal verborgen, aber stets getrieben von der Lust, Neues zu entdecken. Hintner hat ein untrügliches Gespür dafür, was dem Gast schmeckt. Und dank seiner kommunikativen Stärke überträgt er förmlich die den Produkten innewohnende Kraft vom Topf auf den Teller, lässt seine Gäste teilhaben an geschmacklichen Erlebniswelten, die kräftig in der Region wurzeln, hier aber nicht stehen bleiben, so wie es auch der Mensch Herbert Hintner nie tut. So wie kein anderer versteht er es, die Aufmerksamkeit auf sich zu lenken. Wenn er etwas sagt, dann halten Kollegen inne und hört die Medienwelt zu. Für alle ist er zum geachteten und kompetenten Ansprechpartner geworden – kein leichtes Unterfangen in einer Welt, in der man sich wahrlich nicht mit Glacéhandschuhen anfasst.

Diese Qualitäten haben ihm auch die italienische Präsidentschaft der europäischen Organisation Jeunes Restaurateurs d'Europe eingebracht, außerdem Beratungen bei Restauranteröffnungen, kulinarische Gastspiele mit weiteren Sterneköchen bei der Deutschen Bahn, eine regelmäßige TV-Kochsendung etc. – die Liste ließe sich schier endlos fortsetzen.

Aber wo liegt das Geheimnis seines Erfolgs? Sicher, Herbert Hintner sprüht vor Energie, ist ständig auf Achse und steckt voller kulinarischer Ideen. Klar, er nimmt seinen Beruf sehr ernst, ohne jedoch dabei die Lockerheit aufzugeben, was schließlich in eine professionelle Souveränität mündet, die nur schwerlich ins Wanken zu bringen ist. Seine den Service kompetent leitende Ehefrau Margot ist ihm eine wichtige und verlässliche Stütze.

Und zu guter Letzt: Er geht seinem Beruf mit einer geradlinigen Einstellung nach, lässt sich nicht von schnellen Moden beeinflussen, sondern wird selbst zum Trendsetter.

Es ist klar, dass auch er nicht alles einfach aus dem Ärmel schüttelt, doch er stellt sich und seine Mannschaft ohne Kompromisse in den Dienst des Genusses und somit in den Dienst seines Gastes. Diesem Grundsatz bleibt er treu, und so kann man getrost und beruhigt sagen: Wo Hintner draufsteht, ist auch Hintner drinnen. Zu erleben im Restaurant »Zur Rose« in der Überetscher Gemeinde Eppan.

Tatar vom Ochsen mit Salsa verde

Die kalte klassische italienische Kräutersauce gibt dem Tartar das gewisse Etwas. Wer in Südtirol Ochsenfleisch isst, sollte darauf achten, dass es von einem Gsieser Ochsen stammt, denn in Gsies, einem Seitental des Pustertals, hat die Zucht von Mastochsen Tradition.

Für das Tatar

320 g	Ochsenfleisch, pariert
50 g	Zwiebeln, geschmort (s. Tipp)
2	Eigelb
35 g	Senf
	Salz, Pfeffer

Für die Salsa verde

30 g	Petersilienblätter
20 g	Kapern
70 g	Essiggurken
30 g	Zwiebeln, geschmort (s. Tipp)
1 EL	Olivenöl
1 TL	Obstessig
	Salz, Pfeffer
	etwas Knoblauchöl

Zum Anrichten

50 g	gereifter Kuhkäse
	verschiedene Blattsalate
	Salatvinaigrette (s. Grundrezept S. 225)

Tatar

- Fleisch zweimal durch den Fleischwolf drehen, geschmorte Zwiebeln, Eigelb, Senf, Salz und Pfeffer dazugeben. Gut vermischen und kalt stellen.

Salsa verde

- Petersilienbätter, Kapern und Essiggurken fein hacken, mit geschmorten Zwiebeln, Olivenöl und Essig verrühren. Mit Salz, Pfeffer und Knoblauchöl abschmecken. Kalt stellen.

Anrichten

- Tatar mithilfe eines Metallringes auf dem Teller anrichten. Die Salsa verde zu einer Nocke formen, auf das Tatar geben und Käse darüberhobeln. Mit Salatblättern garnieren und mit Salatvinaigrette beträufeln.

Tipps

Für die *geschmorten Zwiebeln* hackt man 1 mittelgroße Zwiebel sehr fein und dünstet sie in 50 g Butter und 50 g Olivenöl. Die Zwiebel soll weich, aber nicht braun werden. Anschließend Öl abgießen und die geschmorten Zwiebeln abkühlen lassen. Im Kühlschrank etwa 1 Woche haltbar.

Für das *Knoblauchöl* mixt man 30 g geschälten Knoblauch mit 250 g Sonnenblumenöl. Kühl aufbewahren.

Weinempfehlung
Kalterer See Auslese »Puntay«
Erste & Neue Kellerei, Kaltern

Gsieser Ochsen Die Ochsenzucht ist in Südtirol insbesondere mit einem Tal verbunden: dem Gsiesertal im Pustertal. Die weit über die Landesgrenzen hinaus bekannten muskulösen Zuchtochsen mit einem Gewicht zwischen 600 und 1000 Kilogramm werden mit einem Gütesiegel vermarktet. Es ist jedes Jahr ein Ereignis, wenn die Ochsen kurz vor Ostern in St. Lorenzen versteigert werden.

Schlutzkrapfensuppe

Schlutzkrapfen sind wohl die bekannteste Südtiroler Nudelspezialität. Hier werden sie jedoch neu interpretiert: Der Spinat dient nicht als Füllung der Schlutzer, sondern er kommt als Suppe daher.

Für die Schlutzkrapfen

150 g	Roggenmehl
150 g	Weizenmehl
1	Ei
1 EL	Sonnenblumenöl
50 g	Wasser
	Salz
100 g	Topfen
	Salz, Pfeffer

Für die Suppe

60 g	Zwiebeln, fein gehackt
1	Knoblauchzehe, fein gehackt
1 EL	Olivenöl
200 g	Spinat, geputzt
800 g	Gemüsefond (s. Grundrezept S. 222)
70 g	Kartoffeln, gekocht und in Würfel geschnitten
25 g	Topfen
	Salz, Pfeffer

Zum Anrichten

50 g	Butter, zerlassen
25 g	Parmesan, gerieben

Schlutzkrapfen

- Roggen- und Weizenmehl, Ei, Sonnenblumenöl, Wasser und Salz miteinander vermengen und zu einem geschmeidigen Teig verkneten. Den Teig in Klarsichtfolie einwickeln und im Kühlschrank ruhen lassen.
- Topfen durch ein Sieb streichen und mit Salz und Pfeffer abschmecken.
- Den Teig dünn ausrollen und 8 cm große Kreise ausstechen. Auf die obere Hälfte etwas Füllung geben, die Ränder mit Wasser bestreichen und die untere Hälfte darüberklappen.
- Schlutzkrapfen in Salzwasser 3–4 Minuten kochen lassen.

Suppe

- Zwiebeln und Knoblauch in Olivenöl glasig anschwitzen. 150 g Spinat dazugeben und kurz dünsten lassen. Mit Gemüsefond aufgießen.
- Kartoffelwürfel dazugeben und alles kräftig aufkochen.
- Suppe mit 50 g Spinat und Topfen im Mixer fein pürieren, mit Salz und Pfeffer abschmecken und durch ein feines Sieb passieren.

Anrichten

- Suppe in tiefe Teller gießen, Schlutzkrapfen in die Mitte setzen. Mit zerlassener Butter beträufeln und mit geriebenem Parmesan bestreuen.

Weinempfehlung
Weißburgunder »Kastelaz«
Elena Walch, Tramin

Dreierlei Polentanocken mit Hallimasch und Bergkäse

Kartoffelgnocchi oder -nocken kennt wohl jeder. Hier werden sie aber mit Polentamehl zubereitet und mit Hallimasch und würzigem Bergkäse serviert.

Für die gelben Polentanocken

300 g	Gemüsefond (s. Grundrezept S. 222)
150 g	gelbes Polentamehl
	Salz, Pfeffer

Für die weißen Polentanocken

300 g	Gemüsefond (s. Grundrezept S. 222)
150 g	weißes Polentamehl
	Salz, Pfeffer

Für die grünen Polentanocken

150 g	Lauch (nur den grünen Teil)
50 g	Butter
250 g	Gemüsefond (s. Grundrezept S. 222)
150 g	weißes Polentamehl
	Salz, Pfeffer

Für die Pilze

200 g	Hallimasch (ohne Stiel)
50 g	Zwiebeln, geschmort (s. Tipp S. 44)
30 g	kalte Butter
	Olivenöl
	Salz, Pfeffer
	Petersilie

Zum Anrichten

100 g	Bergkäse

Gelbe und weiße Polentanocken

- Für die gelben Polentanocken Gemüsefond zum Kochen bringen, salzen und pfeffern. Das gelbe Polentamehl langsam mit dem Schneebesen einrühren. Alles mit dem Kochlöffel 6–7 Minuten glatt rühren. Masse in einen Spritzsack füllen und fingerdicke Streifen auf eine Platte spritzen. Kalt stellen.
- Für die weißen Polentanocken den Vorgang mit dem weißen Polentamehl wiederholen.

Grüne Polentanocken

- Lauch in Stücke schneiden und in Salzwasser weich kochen. Abgießen und gut abtrocknen lassen, mit Butter im Mixer fein pürieren.
- Gemüsefond zum Kochen bringen, salzen und pfeffern. Weißes Polentamehl langsam mit einem Schneebesen einrühren. Lauchpaste dazugeben und alles mit einem Kochlöffel 6–7 Minuten glatt rühren. Die Masse in einen Spritzsack füllen und fingerdicke Streifen auf eine Platte spritzen. Kalt stellen.

Pilze

- Hallimasch zusammen mit den geschmorten Zwiebeln in Olivenöl dünsten und mit der kalten Butter binden. Mit Salz, Pfeffer und gehackter Petersilie abschmecken.

Anrichten

- Die erkalteten Polentastreifen in gleichmäßige Stücke schneiden und in Salzwasser 2–3 Minuten kochen lassen. Zu den Pilzen geben und kurz durchschwenken.
- Polentanocken auf die Teller verteilen und mit geraspeltem Bergkäse bestreuen.

Tipp
Anstelle von Hallimasch können Sie auch Pfifferlinge oder Steinpilze verwenden.

Weinempfehlung
»Nova Domus Terlaner«
Kellerei Terlan

Gebratene Kalbshaxe mit Tomatenschnitzel und Sellerieschaum

Die Säure der Tomaten, Oliven und Kapern und der neutrale Geschmack des Sellerieschaums komplettieren geschmacklich die gebratene Kalbshaxe.

Für die Kalbshaxe

1½–2 kg	Kalbshaxe (hintere Haxe), ausgelöst
1	Karotte
1	mittelgroße Zwiebel
5	Knoblauchzehen
1	Rosmarinzweig
5	Lorbeerblätter
1 Stange	Staudensellerie
3	Thymianzweige
2 l	Gemüsefond (s. Grundrezept S. 222)
	Salz, Pfeffer
	etwas Olivenöl

Für den Sellerieschaum

500 g	Sellerieknolle
500 g	Milch
500 g	Wasser
3 EL	Mascarpone
	Salz, Pfeffer

Für die Tomatenschnitzel

200 g	Fleischtomaten
200 g	Ananastomaten
200 g	Tomaten
200 g	Kakitomaten
5	Basilikumblätter, fein geschnitten
1	Thymianzweig, fein geschnitten
20 g	Kapern
40 g	Oliven, entsteint
4 EL	Gemüsefond (s. Grundrezept S. 222)
	Salz, Pfeffer
	Olivenöl

Zum Anrichten

Blattsalate
Basilikumblätter
Petersilienblätter

Kalbshaxe

- Bei der ausgelösten Kalbshaxe die größere von der kleineren Wade trennen, mit Salz und Pfeffer würzen und in Olivenöl auf beiden Seiten gut anbraten.
- Karotte, Zwiebel, Knoblauch und Selleriestange klein schneiden, in einen Bräter geben und Kalbshaxe darauflegen. Im vorgeheizten Backofen bei 160 Grad etwa 30 Minuten braten. Rosmarin, Thymian und Lorbeerblätter dazugeben und mit Gemüsefond aufgießen. Bei 120 Grad 3 Stunden garen, das Fleisch dabei gelegentlich mit dem Bratensaft übergießen.
- Die Kalbshaxe herausnehmen und warm stellen. Kurz vor dem Servieren in Scheiben schneiden. Die Sauce durch ein feines Sieb gießen (eventuell das Fett abschöpfen) und bis zur gewünschten Konsistenz einkochen.

Sellerieschaum

- Sellerieknolle schälen und in Würfel schneiden. In Milch und Wasser weich kochen, Flüssigkeit abgießen. Zusammen mit Mascarpone etwa 5 Minuten kochen lassen. In den Mixer geben und pürieren. Mit Salz und Pfeffer abschmecken.

Tomatenschnitzel

- Tomaten kreuzweise einritzen, kurz in heißem Wasser blanchieren, in Eiswasser abschrecken und häuten. Ananas- und Fleischtomaten in Scheiben schneiden. Die mittleren Scheiben in Olivenöl etwa 2 Minuten auf jeder Seite dünsten. Die restlichen Scheiben in kleine Würfel schneiden und ebenfalls kurz dünsten. Salzen und pfeffern, Basilikum, Thymian, Kapern und Oliven dazugeben. Mit Gemüsefond übergießen und warm stellen.
- Die restlichen Tomaten klein schneiden und mit Salz und Pfeffer würzen.

Anrichten

- Die gedünsteten Tomatenscheiben halbieren, je eine halbe Scheibe von der Ananas- und der Fleischtomate auf Tellern anrichten, mit Saft beträufeln. Scheiben von der Kalbshaxe anlegen und mit Bratensaft beträufeln. Eine Nocke Sellerieschaum danebensetzen und mit den restlichen Tomatenstücken, Blattsalaten, Basilikum und Petersilie garnieren.

Tipp
Lassen Sie sich die Haxe beim Metzger auslösen.

Weinempfehlung
Blauburgunder »St. Valentin«
Kellerei St. Michael/Eppan

Zeltensoufflé

Der Südtiroler Zelten entstammt der bäuerlichen Tradition und ist ein klassisches Weihnachtsgebäck. Die Bauern verfeinerten früher ihr Früchtebrot mit allem, was sie auf den Feldern an Früchten und Nüssen finden konnten. In diesem Gericht ist der Zelten modern, der zeitgemäßen Küche entsprechend interpretiert.

Für das Soufflé (für 8 Personen)

300 g	Topfen
4	Eigelb
2 EL	Stärke
100 g	Zucker
4	Eiweiß
250 g	Südtiroler Zelten

Für das Mandarinenragout

8	unbehandelte Mandarinen
50 g	Zucker
2 EL	Granatapfelkerne

Für den Zabaione

2	Eigelb
1	Ei
70 g	Weißwein
30 g	Grappa
2 EL	Zucker

Zum Anrichten

Staubzucker
Minzeblätter
Schokolade, geschmolzen
Hippe
Orangen- oder Vanilleeis

Soufflé

- Eigelb, Topfen und Stärke gut verrühren. Zelten in kleine Stückchen schneiden und dazugeben.
- Eiweiß mit Zucker steif schlagen und vorsichtig unter die Topfen-Zelten-Masse heben.
- Soufflèförmchen ausbuttern und auszuckern. Soufflémasse hineinfüllen und im vorgeheizten Backofen bei 180 Grad etwa 10 Minuten backen.

Mandarinenragout und Zabaione

- Mandarinen filetieren. Die Schale von 4 Mandarinen in feine Streifen schneiden und in Zucker wälzen. Schale, Mandarinenfilets und Granatapfelkerne vermengen und etwas durchziehen lassen.
- Für den Zabaione alle Zutaten auf dem Wasserbad schaumig schlagen.

Anrichten

- Mandarinenragout auf Teller verteilen, das Soufflé dazugeben und mit Zabaione, Minzeblättern, geschmolzener Schokolade und Staubzucker garnieren. Eine Hippe mit Eis anlegen.

Weinempfehlung
Passito »Aureus«
Josef Niedermayr, Girlan

Zelten Die vorweihnachtliche Zeit ist die Zeit des Früchtebrots und im Besonderen des klassischen Südtiroler Zelten. Dies hat nicht nur einen feierlichen Grund, sondern auch einen praktischen: Das gedörrte Obst hat einen hohen Fruchtzuckeranteil und ersetzte früher im Winter Zucker und Honig. Nüsse und Mandeln waren zudem gefragte Kalorienlieferanten, die durch die kalte Jahreszeit helfen sollten. Zubereitet wurde der Zelten in den Tiroler Bauernfamilien traditionell am Vorabend des Thomastages (21. Dezember) und am 24. Dezember an Mägde und Knechte verschenkt. Ein großer Familienzelten wurde in der Bauernfamilie selbst verzehrt. Um den Zelten ranken sich zahlreiche Geschichten und Redewendungen (z. B. »den Zelten anschneiden«, »den Zelten nachtragen«).

Wolfgang Kerschbaumer

Es ist die Einfachheit, die der Perfektion am nächsten kommt.

Es ist die Einfachheit, die der Perfektion am nächsten kommt.

Berufliche Stationen

1979	Ausbildung Hotel Saltria, Seiser Alm, Südtirol
1984–1987	Restaurant Pichler, Mühlbach, Südtirol
1987–1990	Hotel Dominik, Brixen, Südtirol
1990–2003	Ansitz Steinbock, Villanders, Südtirol
seit 2003	Restaurant La Passion, Obervintl, Südtirol

■ Wolfgang Kerschbaumer ist ein Allrounder. Glaubt man, ihn als Vorspeisenspezialisten entlarvt zu haben, kommt eine ausgezeichnete Hauptspeise mit Fisch daher. Will man ihn dann aufs Meer festlegen, straft er einen gleich Lügen mit Fleisch vom Feinsten. Seine Gerichte sind modern und durchdacht, ohne dabei in irgendeiner Form angestrengt zu wirken. Seine kulinarische Kraft entfaltet er in der leichten, bekömmlichen Zubereitung klassischer Gerichte. Die Suche nach den besten Produkten zur richtigen Saison wird für ihn zur wichtigsten Aufgabe. Und in seiner Küche von gerade einmal 2,5 mal 2,5 Metern ist er sein eigener, uneingeschränkter Herr und bewältigt alles im Alleingang.
Aufgetischt wird in einem ungewöhnlichen Restaurant. Ungewöhnlich in erster Linie wegen der Größe. Gerade einmal vier, maximal fünf Tische passen in die Stube des Restaurants La Passion. Nicht alltäglich auch, weil das kleine, feine Reich der

Kerschbaumers auf den ersten Blick gar nicht als Restaurant erkennbar ist, liegt es doch direkt in einer Wohnsiedlung und hat man spontan das Gefühl, man kehre bei Freunden ein. Als solcher wird man auch von Ehefrau Helena Kerschbaumer empfangen: herzlich, offen und hilfsbereit. Man darf sich auf eine Küche freuen, die in einer durchdachten Kreativität kanalisiert und von ausgesprochen mediterraner Ausprägung ist. Und so ist Kerschbaumers Küche eine Verbeugung vor der ländlichen Heimat und eine ausholende Geste gegenüber der Kraft und Leidenschaft der italienischen Küche.

Kerschbaumer ist dabei ein originales Südtiroler Produkt. In diesem Land ist er aufgewachsen, hier hat er die Lehre absolviert, hier erlernte er seine kulinarische Basis – und wagte mit seiner Frau schon sehr bald den Weg in die Selbstständigkeit, als er 1990 den »Steinbock« in Villanders übernahm, einen wunderschönen historischen Ansitz. Seit 2003 ist er nun nicht mehr nur Pächter und Chefkoch, sondern auch Restaurantbesitzer: eben im »La Passion« in Obervintl.

Stockfisch in der Kürbiskernkruste auf Minirohnen

In Südtirol, das fernab von fischreichen Gewässern liegt, war der leicht zu konservierende Stockfisch in früheren Zeiten sehr beliebt. Er wurde vor allem als Stockfischgröstel gegessen. Ein kongenialer Partner für dieses Fischgericht sind die Rohnen, ein süßlich schmeckendes, blutrotes Knollengemüse, das seit jeher vielseitig einsetzbar ist: als Salat, Beilage oder in Suppen.

Für den Stockfisch

500 g	Kabeljaufilet ohne Haut
50 g	Kürbiskerne, gemahlen
	etwas Dijon-Senf
	Olivenöl
1	kleine Ingwerwurzel, geschält
	etwas Zitronengras

Für die Rohnen

12	Minirohnen
1	Thymianzweig
1	Lorbeerblatt
1	Rosmarinzweig
2 EL	Weinessig
1 EL	Balsamico-Essig
6 EL	Olivenöl
	etwas Zitronensaft
	Salz, Pfeffer
	etwas Kümmel

Zum Anrichten

	verschiedene Blattsalate
1	Avocado, geschält und in Stücke geschnitten
1 EL	Pfefferkörner, zerstoßen
	Olivenöl
	alter Balsamico-Essig

Rohnen

- Minirohnen zusammen mit Thymian, Rosmarin und Lorbeerblatt in Salzwasser 45–50 Minuten köcheln lassen. Etwas abkühlen lassen, schälen und in kleine Stifte schneiden.
- Salz, Pfeffer, Wein- und Balsamico-Essig sowie Zitronensaft vermischen und mit Olivenöl verrühren.
- Rohnen mit dem Dressing marinieren (etwas Dressing zum Anrichten aufheben) und mit Kümmel abschmecken. Warm stellen.

Stockfisch

- Ingwer und Zitronengras fein hacken und auf einem Backpapier im Backofen trocknen lassen.
- Fisch in 4 Stücke schneiden, salzen, pfeffern, mit Dijon-Senf bestreichen und mit der getrockneten Ingwer-Zitronengras-Mischung würzen.
- In gemahlenen Kürbiskernen wälzen und in einer heißen Pfanne mit Olivenöl auf allen Seiten kurz anbraten. Im vorgeheizten Backofen bei 80 Grad etwa 20 Minuten ziehen lassen.

Anrichten

- Salate und Avocado auf Teller verteilen und mit Dressing beträufeln. Minirohnen anlegen und den Stockfisch daraufsetzen. Mit zerstoßenen Pfefferkörnern, Balsamico-Essig und Olivenöl garnieren.

Tipps

Zu *Stockfisch* und *Rohnen* passt auch sehr gut eine Sauce mit Kren.

Die *Ingwer-Zitronengras-Mischung* hält sich in einem verschlossenen Glas einige Wochen.

Weinempfehlung
Sylvaner »R«
Weingut Köfererhof, Günther Kerschbaumer, Neustift

Stockfisch Stockfisch ist ein durch Lufttrocknung haltbar gemachter Fisch, in der Regel Kabeljau oder Schellfisch. Der Stockfisch wird paarweise an den Schwänzen zusammengebunden und zum Trocknen auf besondere Holzgestelle gehängt. In früheren Zeiten diente Stockfisch vor allem der Versorgung von Schiffsmannschaften und Soldaten, aber auch als Fastenspeise. Er war beliebt, da er dank der leichten Konservierungsmöglichkeit auch in Regionen, die weit vom Meer entfernt lagen, gegessen werden konnte. Vor der Zubereitung muss der Stockfisch mehrere Tage in Wasser eingeweicht werden. Ein klassisches Südtiroler Gericht ist das Stockfischgröstel.

Kartoffel-Bärlauch-Lasagne mit Mozzarella und Zucchini

Ein durch und durch vegetarisches Gericht, eine Abwandlung der weltbekannten Lasagne Bolognese. Die vorherrschenden Farben: grün, rot und weiß.

Zutaten

500 g	mehligkochende Kartoffeln
80 g	zimmerwarme Butter
2	Eigelb
120 g	Mehl
½	unbehandelte Zitrone (Schale in Zesten)
	Salz, Pfeffer
	Muskat
2 EL	Bärlauchpesto (s. Tipp)
200 g	Mozzarella, in Würfel geschnitten
3 EL	Parmesan, gerieben
4	Tomaten
10	mittelgroße Zucchini
	Olivenöl
	etwas Butter

Zum Anrichten

	Steinpilzragout (s. Tipp)

Lasagne

- Zucchini waschen und längs in 4 mm dicke Scheiben schneiden. Salzen, pfeffern und einige Minuten in Wasser ziehen lassen. Abtrocknen und auf ein eingeöltes Backblech legen. Im vorgeheizten Backofen bei 180 Grad (Umluft) etwa 6 Minuten garen. Herausnehmen und die Hälfte im Mixer pürieren.
- Tomaten kurz blanchieren und sofort in Eiswasser abschrecken. Die Haut abziehen und in Scheiben schneiden. Ebenfalls auf ein eingeöltes Backblech legen und im vorgeheizten Backofen bei 180 Grad (Umluft) 10 Minuten garen. Herausnehmen und auskühlen lassen.
- Kartoffeln kochen, schälen und durch ein Sieb passieren. Abkühlen lassen. Mehl, Butter, Eigelb, Zitronenschale, Salz, Pfeffer, Muskat und Bärlauchpesto dazugeben und rasch zu einem geschmeidigen Teig verkneten. Zugedeckt im Kühlschrank etwa 30 Minuten ruhen lassen.
- Kartoffelteig zu einer Rolle formen und in etwa ½ cm dicke Scheiben schneiden. Mit dem Nudelholz etwa 3 mm dick ausrollen und in Rechtecke schneiden. Kartoffelteigblätter in Salzwasser 1–2 Minuten kochen und in Eiswasser abschrecken.
- Eine gebutterte Auflaufform mit Tomaten auslegen, ein Kartoffelteigblatt darauflegen und mit pürierten Zucchini bestreichen, mit Mozzarella und Parmesan bestreuen. Diesen Vorgang so lange wiederholen, bis alle Zutaten aufgebraucht sind. Auf die letzte Schicht die restlichen Zucchinischeiben legen. Mit Parmesan und einigen Butterflocken bestreuen und im vorgeheizten Backofen bei 180 Grad (Umluft) etwa 30 Minuten backen.

Anrichten

- Die Lasagne portionieren und mit Steinpilzragout auf Tellern anrichten.

Tipps

Für das *Bärlauchpesto* dreht man den gewaschenen und abgetrockneten Bärlauch zusammen mit Olivenöl und grobem Meersalz durch den Fleischwolf. Anschließend in ein sauberes Glas füllen, mit Olivenöl bedecken und im Kühlschrank aufbewahren.

Man kann die *Lasagne* auch mit einer Béchamel aus Ziegenmilch zubereiten.

Für das *Pilzragout* Steinpilze in Scheiben schneiden und in heißem Olivenöl mit Salz und Pfeffer kurz anbraten.

Weinempfehlung

Riesling »Kaiton«
Weingut Kuenhof, Peter Pliger, Brixen

Gröstel vom Südtiroler Kitz mit Speckkrautsalat

Das Gröstel ist ein klassisches Gericht der Bauernküche. In der Regel wurde es mit Kartoffeln sowie Rind- oder Kalbfleisch zubereitet. Bei diesem Gericht wird Kitz verwendet, das traditionell zur Osterzeit auf den Tisch kommt. Idealer Begleiter ist der Speckkrautsalat.

Für das Gröstel

500 g	Kitz (Brust, Schlegel, Hals, Rücken)
300 g	Kipflerkartoffeln
2	Schalotten, fein gehackt
4	Knoblauchzehen
1	Thymianzweig
1	Rosmarinzweig
	etwas Hühnerbrühe
	etwas Weißwein
	Sonnenblumenöl
	Salz, Pfeffer
1 TL	Schnittlauch, fein gehackt
1 TL	Majoranblätter, fein gehackt

Für den Speckkrautsalat

1	kleiner Kobis (möglichst weich)
4–5	Bauchspeckscheiben
	etwas Olivenöl
1 Schuss	Weißweinessig
	etwas Kümmel
	Salz, Pfeffer

Gröstel

- Kitz in gleich große Teile zerlegen. In einen Bräter mit Öl geben und bei 180 Grad (Umluft) im vorgeheizten Backofen 10–15 Minuten garen. Mit Weißwein ablöschen und mit Hühnerbrühe aufgießen.
- Thymian, Rosmarin und die angedrückten Knoblauchzehen dazugeben und etwa 70 Minuten im Ofen garen. Dabei das Fleisch ab und an wenden und mit Hühnerbrühe begießen.
- Fleisch aus dem Ofen nehmen und 30 Minuten bei 80 Grad ruhen lassen. Anschließend von den Knochen lösen und in kleine Stücke schneiden.
- Kipflerkartoffeln in Salzwasser kochen, warm schälen und in dünne Scheiben schneiden.
- Die Kartoffelscheiben in Sonnenblumenöl goldgelb braten. Schalotten und das klein geschnittene Kitzfleisch dazugeben. Unter kräftigem Rühren kurz anrösten, mit Bratensaft und Hühnerbrühe ablöschen und einreduzieren lassen.
- Mit Salz, Pfeffer, Majoran und Schnittlauch abschmecken.

Speckkrautsalat

- Kobis vierteln und in feine Streifen schneiden.
- Speck ebenfalls in Streifen schneiden und in einer Pfanne mit etwas Olivenöl glasig werden lassen. Mit Essig ablöschen und über den Kobis geben. Mit Salz, Pfeffer und etwas Kümmel abschmecken.

Anrichten

- Gröstel in der Pfanne servieren. Krautsalat extra reichen.

Tipps

Das *Fleisch* für das Gröstel darf nicht zu mager sein – also das Fett nicht abschneiden –, da es sonst zu trocken wird.

Das *Gröstel* ist ein typisches Gericht der Resteverwertung. Man kann also gut das vom Festtagsbraten übrig gebliebene Fleisch verwenden.

Weinempfehlung
St. Magdalener
Weingut Glögglhof, Franz Gojer, Bozen

Südtiroler Speck Der leicht geräucherte, luftgetrocknete Rohschinken steht für ein Land, das Brückenkopf zwischen Nord und Süd ist. Das Ergebnis ist die Vereinigung von nordischer Räucherung und mediterraner Lufttrocknung. Südtiroler Speck wird nach einer von Generation zu Generation weitergegebenen, streng festgelegten traditionellen Methode hergestellt. Eine Speckmarende gehört fast schon zum fixen Bestandteil eines Südtirol-Urlaubs. Nicht jeder Speck darf sich Südtiroler Speck nennen. Nur der mit dem grünen Trägersteg versehene, ist durch die »geschützte geografische Angabe« garantiert und entspricht einem im EU-Verzeichnis geschützten Herstellungsverfahren.

Überbackene Früchte mit Gewürztraminer-Gratin auf Kakao-Zitronen-Biskuit

Ein Dessert, das das ganze Jahr über mit Früchten der Saison zubereitet werden kann. Besonders gut eignen sich Feigen und Kirschen.

Für das Kakao-Zitronen-Biskuit

2	Eigelb
1 EL	Kakao
80 g	Zucker
80 g	zimmerwarme Butter
120 g	Mehl, gesiebt
10 g	Backpulver
1 Prise	Salz
1	unbehandelte Zitrone (Schale, abgerieben)

Für das Gewürztraminer-Gratin

250 g	Gewürztraminer
1 Stange	Zitronengras, in Streifen geschnitten
1	kleine Ingwerwurzel, geschält
10	Korianderkörner
4	Eigelb
90 g	Zucker
100 g	Sahne, geschlagen
2	Kiwi, in Scheiben geschnitten
2	Orangen, in Scheiben geschnitten
1	kleine Ananas, in Scheiben geschnitten

Zum Anrichten

Minze
Staubzucker
gehackte Pistazien

Kakao-Zitronen-Biskuit

- Eigelb und Zucker schaumig schlagen. Butterstückchen dazugeben und alles gut verrühren. Mehl, Kakao, Backpulver, Salz und abgeriebene Zitronenschale dazugeben und rasch zu einem geschmeidigen Teig verarbeiten. 3–4 Stunden kalt stellen.
- Den Teig ausrollen und Kreise (5 cm Ø) ausstechen. Auf ein mit Backpapier ausgelegtes Backblech legen und im vorgeheizten Backofen bei 180 Grad 10–12 Minuten backen. Auskühlen lassen.

Gewürztraminer-Gratin

- Ingwer in Scheiben schneiden und zusammen mit Gewürztraminer, Zitronengras und zerdrückten Korianderkörnern aufkochen. Auf ⅓ der Menge einreduzieren lassen. Anschließend durch ein Haarsieb oder Küchentuch gießen und auskühlen lassen.
- Gewürztraminerfond mit Eigelb und Zucker auf dem Dampfbad zu einer dickflüssigen Masse aufschlagen.
- Auf Eiswasser kalt schlagen. Geschlagene Sahne vorsichtig unterheben.
- Die Biskuitkreise in tiefe Teller legen, mit Früchten belegen und mit Gratinmasse bedecken. Im Backofen bei Oberhitze solange gratinieren lassen, bis die Oberfläche schön hellbraun ist.

Anrichten

- Mit Staubzucker, Minze und gehackten Pistazien garnieren.

Weinempfehlung
Passito »Comtess«
Kellerei St. Michael-Eppan

Kastanien-Mohn-Soufflé auf Quitten-Kaki-Süppchen

Typische Produkte der Südtiroler Natur werden bei diesem Dessert raffiniert zusammengeführt und gehen in einem harmonischen Geschmackserlebnis auf.

Für das Quitten-Kaki-Süppchen

2	Quitten
2	Kaki
200 g	Wasser
100 g	Zucker
	etwas Zitronensaft
1 Msp.	Ascorbinsäure (aus der Apotheke)
½	Vanilleschote

Für das Kastanien-Mohn-Soufflé

200 g	Kastanien, gekocht und passiert
3	Eigelb
1 EL	Staubzucker
45 g	Butter
½	unbehandelte Orange (Schale in Zesten)
	etwas Rum
1 Msp.	Kartoffelmehl
3	Eiweiß
	etwas Salz
30 g	Zucker
40 g	Panettone
3 EL	Rotwein
100 g	Mohn, gemahlen
2 EL	Honig
40 g	Biskuitbrösel
50 g	Preiselbeermarmelade
1 Msp.	Zimt
½	unbehandelte Zitrone (Schale in Zesten)
50 g	Milch

Zum Anrichten

Staubzucker
Schokolade, geraspelt
Minze

Quitten-Kaki-Süppchen

- Wasser mit Zitronensaft und Ascorbinsäure in einem Topf mischen. Quitten schälen, entkernen und in kleine Würfel schneiden. Sofort ins Wasser geben, damit sie nicht braun werden. Zucker und Vanilleschote zufügen und etwa 10 Minuten kochen lassen. Quittenwürfel herausnehmen. Flüssigkeit auf ⅓ einkochen lassen.
- Kaki schälen, in nicht zu kleine Stücke schneiden und zusammen mit den Quittenwürfeln in die reduzierte Flüssigkeit geben.

Soufflé

- Mohn kurz in einer heißen Pfanne rösten, Honig dazugeben und karamellisieren lassen. Preiselbeermarmelade, Biskuitbrösel, Zitronenschale und Zimt zufügen, mit Milch aufgießen und unter ständigem Rühren aufkochen lassen. Vom Feuer nehmen und so lange weiterrühren, bis eine feste Masse entsteht.
- Soufflèförmchen ausbuttern, mit Zucker ausstreuen und kalt stellen.
- Butter mit Staubzucker schaumig schlagen, Eigelb nach und nach dazugeben. Kastanienpüree, Rum, Kartoffelmehl und Orangenschale unterrühren.
- Eiweiß mit Salz und Zucker steif schlagen und vorsichtig unter die Kastanienmasse heben.
- Panettone in Rotwein einweichen und mit 2 Esslöffel Kastanienmasse unter die Mohnmasse heben.
- Die Förmchen zur Hälfte mit Kastanienmasse füllen, dann eine Schicht Mohnmasse daraufgeben und mit Kastanienmasse bedecken. Förmchen auf ein Backblech stellen, etwa 1 cm hoch heißes Wasser angießen und im vorgeheizten Backofen bei 180 Grad 25–30 Minuten backen.

Anrichten

- Quitten-Kaki-Süppchen in tiefe Teller geben, Soufflè vorsichtig stürzen und darauf anrichten. Mit Staubzucker, Schokoladenraspeln und Minze garnieren.

Weinempfehlung
Rosenmuskateller »Rosatum«
Kellerei Schreckbichl, Girlan

Honig Gut 3000 Südtiroler Imker betreuen etwa 40.000 Bienenvölker und produzieren jährlich rund 600.000 kg Qualitätshonig. Das sind die Zahlen des Südtiroler Honigs, der auch das offizielle Südtiroler Qualitätszeichen trägt. Das Honigspektrum reicht vom feinen Aroma des Alpenrosenhonigs über den geschmackvollen Blütenhonig bis hin zu den herzhaft würzigen, kräftigen Honigen aus den Wäldern. Eingesetzt wird Honig in der Küche vorwiegend bei den Desserts.

Armin Mairhofer

Mach es einfach, mit Freude ganz einfach

Mach es einfach, mit Freude ganz einfach

Berufliche Stationen

1980	Ausbildung Hotelfachschule Bozen, Südtirol
1980–1988	Diverse Stationen in Hotels und Restaurants in Deutschland, Italien und Südtirol
1988	Restaurant Gualtiero Marchesi, Mailand
1988–1990	Villa Mozart, Meran, Südtirol
1991	Restaurant Tantris, Heinz Winkler, München (D)
1992–1994	Restaurant L'Osteria, Tokio, Japan
1994–1999	Restaurant Zum Auenhaus, Brixen, Südtirol
2000–2003	Restaurant Hidalgo, Burgstall, Südtirol
seit 2003	Anna Stuben im Hotel Grödnerhof, St. Ulrich, Südtirol

Armin Mairhofers Stärke liegt in seiner inneren Kraft und Ruhe. Bescheiden, besonnen und still komponiert er seine Kreationen, in denen nichts zufällig zusammengewürfelt wird und alles, was auf den Teller kommt, durchdacht und Ausdruck eines tieferen Sinns ist. So kennt er in der Küche auch keine Kompromisse: Die Ansagen an sein Küchenteam erfolgen mit leiser Stimme, sind aber stets präzise. Kein Teller wird serviert, der nicht persönlich kontrolliert wurde. Und so tupft er in seinen Gerichten mehr als er malt und zupft viel häufiger als er rupft.

Der gebürtige Grödner arbeitet nun bereits sein einigen Jahren wieder am Fuße seiner Heimatberge und hat mit dem Grödnerhof und dem Gourmetrestaurant »Anna Stuben« eine Wirkungsstätte gefunden, in der er seine Überzeugung von einer gehobenen Küche ausleben darf. Diese ist eine Symbiose seiner Erfahrungen und Weltoffenheit; auch das Konzentrat seiner Hartnäckigkeit und Beharrlichkeit bei der Suche nach dem außergewöhnlichen Produkt, das die gewünschte Geschmacksnuance zum perfekten Geschmacksbild abgibt.

Wie kein anderer in Südtirol versteht er sich vorzüglich auf die Kunst des Trennens, Reinigens, Reduzierens und schließlich wieder Potenzierens. Ihn dabei auf einen Kochstil festlegen zu wollen, würde seiner Kochkunst nicht gerecht. Stilsicher und facetten-

reich bewegt er sich in seinem Grödner Tal genauso wie in Italien oder in der Welt – gemäß dem Ansinnen, einen tiefsinnigen Spannungsbogen in einer subtilen Welt des feinen Geschmacks zu ziehen. Seine Ideen, seine Überlegungen und seine Gerichte sind weitsichtig; selbst auf den ersten Bissen ungewöhnliche Geschmackserlebnisse fügen sich beim letzten Bissen harmonisch zum Ganzen. Seine Menüs sind somit reiner Ausdruck durchdachter Kreativität, wobei sich Mairhofer immer auf der Suche nach dem Quäntchen mehr geschmacklicher Harmonie befindet und nach dem perfekten Geschmack strebt.

In den in diesem Kochbuch vorgestellten Rezepten holt er seine Kindheitserinnerungen zurück, handelt es sich doch durchwegs um Gerichte, die in ihrer ursprünglichen Ausprägung der bäuerlichen Tradition des Landes entspringen und für dieses Buch überdacht und radikal neu interpretiert wurden.

Uef, Patat y Ciociul
Eier, Kartoffeln und Speck

Klassischer geht es wohl kaum: Eier, Speck und Kartoffeln sind fest mit Südtirol verbunden. Allerdings sind die Grundprodukte bei diesem Gericht, das auf interessante Weise mit den Kontrasten süß und salzig spielt, kaum noch wiederzuerkennen.

Zutaten

2	festkochende Kartoffeln
6	Eigelb
250 g	Salz
250 g	Zucker
	Öl zum Frittieren

Zum Anrichten

Speckpulver (s. Tipp)

Zubereitung

- Salz und Zucker verrühren. Eigelb auf einem Teller mit der Hälfte dieser Mischung vermengen und mit der anderen Hälfte bedecken. 2 Stunden ziehen lassen.
- Das fest gewordene Eigelb gut abspülen und zwischen 2 Blätter Backpapier legen. Dünn ausrollen und in feine Streifen (Tagliolini) schneiden.
- Kartoffeln schälen und ebenfalls in lange, dünne Streifen schneiden (am besten mit einem Gemüsehobel), gut wässern.
- Kartoffelstreifen mithilfe eines Teesiebs im heißen Öl frittieren, sodass ein Bällchen entsteht.

Anrichten

- Frittierte Kartoffelstreifen auf einen Löffel geben, mit Eigelbstreifen belegen. Den Löffel auf einen Teller setzen und mit etwas Speckpulver bestreuen.

Tipp

Für das *Speckpulver* werden 6 Speckscheiben in einer Pfanne geröstet und anschließend in einer Kaffeemühle zu feinem Pulver vermahlen.

Weinempfehlung
Kerner
Hoandlhof, Manfred Nössing, Brixen

Panicia y Jieut
Selchkarree-Consommé mit Gerste und Kreneispraline

Hier werden Kindheitserinnerungen geweckt! Nur wird das ursprüngliche Gericht in seine einzelnen Bestandteile zerlegt und neu zusammengesetzt. Das Kreneis kühlt nicht nur den Gaumen, sondern fördert auch die Verdauung.

Für das Kreneis

400 g	Milch
100 g	Sahne
100 g	Zucker
5	Eigelb
1 TL	Kren, frisch gerieben
	etwas Salz

Für die Selchkarree-Consommé

300 g	Selchkarree
1	Zwiebel
1	Karotte
1 Stange	Staudensellerie
200 g	Rollgerste
2	Eiweiß

Zum Anrichten:

Schnittlauch, fein geschnitten

Kreneis

- Eigelb und Zucker schaumig schlagen. Milch und Sahne aufkochen und vorsichtig zur Eiermasse geben. Auf dem Wasserbad zur Rose abziehen.
- Mit Kren und einer guten Prise Salz abschmecken und in der Eismaschine gefrieren lassen.

Selchkarree-Consommé

- Selchkarree auslösen. Die Knochen mit Zwiebel, Karotte, Staudensellerie und Gerste in einen Topf geben, gut mit Wasser bedecken und etwa 2 Stunden köcheln lassen.
- Durch ein Sieb gießen. Gemüse und Knochen herausnehmen. Die Gerste in kleine Metallringe füllen und im Kühlschrank erkalten lassen.
- Einen Teil des Selchkarrees in dünne Scheiben schneiden. Den Rest faschieren und mit dem Eiweiß vorsichtig in die kalte Brühe geben, aufkochen lassen und klären.

Anrichten

- Den Metallring mit der Gerste in einen tiefen Teller setzen und vorsichtig abziehen. Das Gersttörtchen mit den Selchkarreescheiben belegen, eine Kreneispraline daraufsetzen und die heiße Consommé angießen. Mit fein geschnittenem Schnittlauch garnieren.

Tipp

Anstatt des frischen Krens kann man auch Kren aus dem Glas verwenden.

Weinempfehlung

Chardonnay »Löwengang«
Alois Lageder, Margreid

Pulenta y Ciajuel
Heißer Maisbrei mit geeister Gorgonzolacreme

Heißes trifft auf Kaltes: Polenta und Gorgonzola sind zwei Produkte, die früher oft freitags als Fastenspeise aufgetischt wurden.

Für die geeiste Gorgonzolacreme

500 g	Milch
250 g	Mascarpone
100 g	Gorgonzola
70 g	Zucker
1 Prise	Salz

Für den Maisbrei

250 g	Polentamehl
500 g	Wasser
	Salz, Zucker
	etwas Butter

Zum Anrichten

Kakaobohnen
Bucheckern oder Haselnüsse, klein gehackt

Geeiste Gorgonzolacreme

- Milch, Mascarpone, Gorgonzola und Zucker unter ständigem Rühren aufkochen, mit Salz abschmecken. Sofort in eine Eismaschine füllen und gefrieren lassen.

Maisbrei

- Wasser mit Butter, Salz und Zucker aufkochen. Polentamehl einrühren und etwa 1 Stunde zugedeckt auf kleiner Flamme köcheln lassen, dabei gelegentlich umrühren. Der Brei ist fertig, wenn er eine cremige Konsistenz hat.

Anrichten

- Beide Massen zusammen in Tassen füllen und mit gehackten Kakaobohnen, Bucheckern bzw. Haselnüssen bestreuen.

Tipp

Die Masse für die *geeiste Gorgonzolacreme* muss heiß in die Eismaschine gefüllt werden, damit sie glatt bleibt. Sie soll genauso cremig werden wie der Maisbrei.

Weinempfehlung

Gewürztraminer »Kolbenhof«
Kellerei Hofstätter, Tramin

Bales y Golasc
Walnussknödel mit Gulasch

Eine radikale Interpretation eines höchst klassischen Gerichtes: Gulasch mit Knödeln.

Für das Gulasch

600 g	Ochsenschwanz
	etwas Senf
6	mittelgroße Zwiebeln
700 g	kräftiger Rotwein (Cabernet oder Lagrein)
1 EL	Tomatenmark
2 EL	edelsüßes Paprikapulver
1	Knoblauchzehe, fein gehackt
	Kümmel
1	unbehandelte Zitrone (Schale in Zesten)
	Majoran
	Olivenöl
	Salz, Pfeffer

Für die Knödel

300 g	Knödelbrot oder Weißbrot vom Vortag (in Würfel geschnitten)
1	Zwiebel
1 kl. Stange	Lauch
4	Eigelb
	Milch bzw. Wasser nach Bedarf
100 g	Walnüsse, klein gehackt
	etwas Brotklee
	Salz, Pfeffer
	etwas Butter

Zum Anrichten

	Ochsenschwanzsauce
	geräuchertes Paprikapulver (aus dem Feinkostladen)

Gulasch

- Ochsenschwanz salzen, pfeffern, mit Senf bestreichen und auf allen Seiten kurz anbraten.
- Zwiebeln in Ringe schneiden und mit Olivenöl in einem Bräter kräftig anschwitzen. Tomatenmark und Paprikapulver dazugeben und mit Rotwein ablöschen. Ochsenschwanz zu den Zwiebeln geben, etwas Wasser angießen und zugedeckt etwa 3 Stunden bei 180 Grad im Backofen weich schmoren. Das Fleisch herausnehmen und vom Knochen lösen.
- Die Sauce durch ein Sieb passieren und mit Knoblauch, Majoran, Zitronenschale und Kümmel abschmecken. Etwas Sauce zum Anrichten beiseite stellen. Den Rest zusammen mit dem Fleisch in einen Wurstsack (beim Metzger vorbestellen) füllen und erkalten lassen. Anschließend in Vierecke (5 x 5 cm) schneiden.

Knödel

- Zwiebel und Lauch klein schneiden, in Butter andünsten, zum Knödelbrot geben und gut vermengen.
- Milch bzw. Wasser mit Eigelb verrühren und über das Knödelbrot gießen. Walnüsse und Brotklee zufügen, mit Salz und Pfeffer würzen und alles gut durchmischen, sodass eine geschmeidige Masse entsteht. Etwas ruhen lassen.
- Aus der Masse einen länglichen Knödel formen, in Klarsichtfolie einrollen und die Enden gut zubinden. In Salzwasser etwa 15 Minuten köcheln. Anschließend im Kühlschrank auskühlen lassen und in Vierecke (5 x 5 cm) schneiden. Vor dem Servieren auf beiden Seiten in Butter goldgelb anbraten.

Anrichten

- Ein gebratenes Knödelviereck auf den Teller setzen und mit einen viereckigen Stück Ochsenschwanzgulasch belegen, mit etwas Sauce beträufeln. Teller mit geräuchertem Paprikapulver garnieren.

Weinempfehlung
Lagrein Riserva »Taber«
Kellerei Bozen

Broj y Granetes
Crème brûlée von Goldmuskateller-Eisweintrester mit Preiselbeeren und Zirbelnüssen

Der rosinenartige Duft der Trester, der feine, süße Geschmack der kalt gerührten Preiselbeeren und der harzige, intensive Abgang der Zirbelnüsse finden hier zusammen. Übrigens: Der Trester ist ein Abfallprodukt der Weinproduktion.

Für die Crème brûlée (für 10 Personen)

10	Eigelb
80 g	Zucker
250 g	Milch
700 g	Sahne
100 g	Goldmuskateller-Eisweintrester oder Sultaninen
	etwas brauner Zucker

Zum Anrichten

marinierte Preiselbeeren oder Preiselbeermarmelade

einige Zirbelnüsse oder Pinienkerne

Zubereitung

- Milch aufkochen. Eigelb und Zucker schaumig rühren und zur kochenden Milch geben, vom Herd ziehen. Kalte Sahne und Trester unterrühren und alles etwa 30 Minuten auf dem Wasserbad (max. 80 Grad) ziehen lassen.
- Die Masse durch ein Sieb passieren und in Portionsschälchen (à 100 g) abfüllen.
- Im vorgeheizten Backofen bei 80 Grad in 40–50 Minuten stocken lassen, anschließend im Kühlschrank einige Stunden kalt stellen.
- Vor dem Servieren mit braunem Zucker bestreuen. Den Zucker mit einem Bunsenbrenner oder unter dem Grill karamellisieren, sodass eine braune Kruste entsteht.

Anrichten

- Die Crème brûlée zusammen mit den Preiselbeeren und den Zirbelnüssen anrichten.

Tipp

Für die *marinierten Preiselbeeren* 1 kg Preiselbeeren mit 200–300 g Zucker vermischen und in der Küchenmaschine auf kleinster Stufe 2 Stunden verrühren.

Weinempfehlung

Passito »Anthos«
Erste & Neue Kellerei, Kaltern

Hannes Malfertheiner

Die Natur gibt vor, der Koch bewahrt.

Die Natur gibt vor, der Koch bewahrt.

Berufliche Stationen

1981–1984	Ausbildung Sporthotel Europa, Seis am Schern, Südtirol
1986–1989	Diverse Stationen in der Spitzenhotellerie als Commis
1989–1990	Chef Entremetier, Hotel Maison Blanche, Leukerbad (CH)
1991	Chef de Grill, Hotel Ermitage, Zürich (CH)
1991–1993	Chef Saucier, Hotel Maison Blanche, Leukerbad (CH)
1993–1998	Sous Chef, Hotel Ermitage, Zürich (CH)
1998–1999	Küchenchef, Restaurant Pichler, Mühlbach, Südtirol
2000–2003	Küchenchef, Gourmetrestaurant Le Mignon/ Jasper im Hotel Palace, Luzern (CH)
seit 2003	Küchenchef und Pächter, Restaurant Sassegg, Seis am Schlern, Südtirol

Der aus Seis am Schlern stammende Hannes Malfertheiner gehört zu den stillen Südtiroler Küchenstars. Leicht, präzise und treffsicher in den Aromen offenbaren die Kreationen Malfertheiners die ganze lebendige Kraft der mediterranen Küche. Dabei scheut er sich nicht, kulinarische Reisen hinaus in die Welt zu unternehmen, um die eine oder andere geschmackliche Besonderheit in seine Speisekarte aufzunehmen. Das liest sich dann beispielsweise so: »Curryschaumsüppchen mit Kalmaren« – betörend leichtfüßig, würzig und verführerisch. Regionale Produkte nutzt Malfertheiner immer dort, wo sie am besten zum Mediterranen passen. Das kann dann so klingen: »Tortelli gefüllt mit Artischocken und mit Bergkäse gratiniert« oder »Gröstel vom Lammfilet mit Frühlingszwiebeln und neuen Kartoffeln«.

Kulinarisch formte sich Malfertheiner in der gastronomisch anspruchsvollen Schweiz, wo er sich über mehrere Jahre hinweg emporarbeitete – bis hin zum Küchenchef in einem Fünfsternehotel. In der Schweiz lernte er auch seine spätere Ehefrau Inga kennen, mit der er heute das kleine, feine Restaurant »Sassegg« in Seis am Schlern führt – die zweifelsohne beste Adresse am Fuße des Schlernmassivs. Fast unbemerkt kochte er hier anfangs abseits der großen medialen Aufmerksamkeit.

Dies ließ ihm die nötige Zeit, Gerichte zu perfektionieren, die aus ideal zueinanderpassenden Proportionen, Konsistenzen, Gartemperaturen, Aromen und Schärfe zusammengesetzt sind und von Talent, Können, Mut und Weitsicht zeugen, aber

auch von der Beharrlichkeit, konsequent den eigenen Weg zu gehen, um einer der Besten der Region zu werden.
Die Bühne für dieses Unterfangen ist ein modernes Restaurant mit cremefarbenen Lederbezügen und warmen Holztönen bei offenem Raumkonzept. Hier führt Inga Malfertheiner, kompetent und freundlich den Service und wird zum kongenialen Partner für Ehemann Hannes, der es immer wieder schafft, alle Ingredienzien so zusammenzuführen, dass der Gast sich auf ausgeklügelte, mediterran betonte Aromen freuen kann.

Leicht geräucherte Milchschweinswangen mit Gemüsetempura und Frühlingssalaten

Das Räuchern von Fleisch hat in Südtirol eine lange Tradition und jeder Bauer hatte seine eigene, geheime Gewürzmischung. Spannend wird diese Südtiroler Konservierungsmethode in Verbindung mit einer japanischen Zubereitungsart: Tempura.

Für die Milchschweinswangen

- 8 geräucherte Milchschweinswangen à 40 g (beim Metzger vorbestellen)
- 1 l Wasser
- 125 g Weißwein
- 2 Thymianzweige
- 1 Lorbeerblatt
- 1 Knoblauchzehe
- weiße Pfefferkörner
- Salz, Pfeffer

Für die Gemüsetempura

- 1 Karotte
- 1 Zucchino
- 1 kleine Sellerieknolle
- 1 Fenchel
- Mehl zum Bestauben
- 50 g Tempuramehl (aus dem Asialaden)
- 60 g kaltes Wasser
- Palmöl zum Frittieren

Zum Anrichten

- 100 g gemischter Salat
- Salatvinaigrette (s. Grundrezept S. 225)
- Anishippe

Milchschweinswangen

- Wasser, Weißwein, Knoblauchzehe und Gewürze zusammen mit Gemüseabschnitten (Reste vom Gemüse für die Tempura) in einen hohen Topf geben und zum Kochen bringen.
- Milchschweinswangen dazugeben und etwa 1 Stunde leicht köcheln lassen, dann das Fleisch herausnehmen, in dünne Scheiben schneiden und mit Salz und Pfeffer würzen.

Gemüsetempura

- Gemüse waschen, putzen, in Stäbchen schneiden und in Salzwasser bissfest garen, in Eiswasser abschrecken. Anschließend auf Küchenpapier abtropfen lassen und leicht mit Mehl bestauben, überschüssiges Mehl abklopfen.
- Tempuramehl mit kaltem Wasser anrühren und kurz kalt stellen.
- Das mehlierte Gemüse einzeln durch den Tempurateig ziehen und im 160 Grad heißen Palmöl goldgelb ausbacken.

Anrichten

- Salat mit Vinaigrette anmachen. Scheiben von Milchschweinswangen auf flache Teller geben, Gemüsetempura seitlich anlegen. Mit Salat und einer Anishippe garnieren.

Weinempfehlung
Ruländer »Benefizium Porer«
Alois Lageder, Margreid

Gebratene Kartoffelgnocchi mit Oktopus, Artischocken und Frühlingszwiebeln

Ein in seiner geschmacklichen Vielfalt durch und durch mediterranes Gericht, wobei die Kartoffeln natürlich aus dem Pustertal kommen.

Für die Kartoffelgnocchi

250 g mehligkochende Kartoffeln
1 Eigelb, verquirlt
75 g Mehl
etwas Olivenöl
etwas Parmesan, gerieben
Salz, Pfeffer

Für den Oktopus und die Artischocken

1 kleiner Oktopus à 600 g
150 g Wurzelgemüse (Karotte, Sellerie, Lauch, Zwiebel)
10 g weißer Essig
100 g trockener Weißwein
2 Knoblauchzehen
Thymian, Lorbeerblatt
2–3 Pfefferkörner
Salz
4 kleine Artischocken, geputzt und geviertelt
Olivenöl
Zitronensaft

Zum Anrichten

Thymianzweige
4 Frühlingszwiebeln, in Ringe geschnitten
4 getrocknete Tomaten
8 Oliven
Petersilienblätter

Kartoffelgnocchi

- Kartoffeln schälen, vierteln und in Salzwasser weich kochen, abgießen und ausdämpfen lassen. Anschließend durch ein Sieb streichen.
- Eigelb, Mehl, Parmesan und Öl mit der Kartoffelmasse verkneten, salzen und pfeffern. Aus der Masse Stränge von 1 cm Durchmesser formen.
- Diese in 2 cm große Stücke schneiden, über eine Gabel rollen und zu Gnocchi formen.
- In siedendem Salzwasser 2–3 Minuten köcheln lassen. Anschließend in Eiswasser abschrecken und zum Abtrocknen auf Küchenpapier legen.

Oktopus und Artischocken

- Oktopus zusammen mit Wurzelgemüse, Essig, Weißwein, 1 Knoblauchzehe, Thymian, Lorbeerblatt und Pfefferkörnern in einen Topf geben. Alles mit Wasser bedecken, salzen und 1½–2 Stunden köcheln lassen.
- Herausnehmen, Haut entfernen und in gleich große Stücke schneiden.
- Artischocken putzen und vierteln, sofort mit Zitronensaft beträufeln, damit sie nicht braun werden. In Olivenöl anschwitzen, Thymian, 1 Knoblauchzehe und Lorbeerblatt dazugeben und 5–8 Minuten dünsten.
- Oktopus zu den Artischocken in die Pfanne geben und ein paar Minuten mitbraten lassen.

Anrichten

- Kurz vor dem Anrichten Gnocchi und Frühlingszwiebeln in die Pfanne zum Oktopus geben und durchschwenken. Getrocknete Tomaten, Oliven und Petersilienblätter unterheben.
- Auf tiefen Tellern anrichten und mit einem Thymianzweig garnieren.

Weinempfehlung
Sauvignon »Quarz«
Kellerei Terlan

Kartoffeln Das Pustertal ist das Kartoffeltal Südtirols. Die ersten Frühkartoffeln gibt es in der Regel im August. Charakteristisch für die Südtiroler Kartoffel ist ihr intensiver Geschmack, den das Gemüse aufgrund der Höhenlage von mindestens 600 Metern entwickelt. Die Sorten im Handel: mehligkochend, vorwiegend festkochend und festkochend.

Rotbarbe mit Topinambur und Petersilienpüree

Die mediterrane Rotbarbe überzeugt durch ihr fettarmes, zartes Fleisch, das zudem sehr mineralstoffreich ist. Topinambur gehört zu den heute fast vergessenen Wurzelgemüsesorten; er wird in der feinen Küche immer beliebter und von einzelnen Südtiroler Biobauern wieder angebaut.

Für die Rotbarben

- 8 Rotbarbenfilets à 80 g
- Thymian, Lorbeerblatt
- 1 Knoblauchzehe
- Olivenöl
- Salz, Pfeffer

Für die Topinamburwürfel und -sauce

- 300 g Topinambur
- 2 kleine Schalotten
- Thymian, Lorbeerblatt
- 2 Knoblauchzehen
- Olivenöl
- Salz, Pfeffer
- etwas Weißwein
- 250 g Gemüsefond (s. Grundrezept S. 222)
- 50 g kalte Butter

Für das Petersilienpüree

- 250 g mehligkochende Kartoffeln
- 100 g Petersilie
- 50 g Sahne
- 50 g Milch
- 100 g Butter
- Salz, Pfeffer
- Muskat

Zum Anrichten

- etwas Dill
- frittierte Topinamburchips
- etwas Olivenöl

Rotbarbe

- Olivenöl in einer beschichteten Pfanne erhitzen, Rotbarbenfilets mit der Hautseite hineinlegen und zusammen mit Thymian, Lorbeerblatt und der angedrückten, ungeschälten Knoblauchzehe 1 Minute anbraten. Mit Salz und Pfeffer würzen und warm stellen.
- Vor dem Servieren 3–4 Minuten im auf 200 Grad vorgeheizten Ofen garen. Der Fisch sollte innen noch schön glasig sein.

Topinambur

- Topinambur schälen, in kleine Würfel schneiden und in kaltes Wasser legen. Herausnehmen und mit Küchenpapier abtrocknen.
- Schalotten schälen. 1 Schalotte in Ringe, die andere in Würfel schneiden.
- Die Hälfte der Topinamburwürfel mit Schalottenringen, Knoblauch und Kräutern in Olivenöl etwa 10 Minuten bei schwacher Hitze goldgelb braten. Salzen und pfeffern.
- Die andere Hälfte der Topinamburwürfel mit Schalottenwürfeln, Thymian und Knoblauch kurz in Olivenöl anschwitzen. Mit etwas Weißwein ablöschen und mit 250 g Gemüsefond aufgießen. Etwa 30 Minuten einkochen lassen (auf etwa die Hälfte), durch ein Sieb passieren und mit 50 g kalter Butter aufmontieren.

Petersilienpüree

- Kartoffeln schälen, vierteln und in Salzwasser weich kochen. Abgießen und durch ein Sieb passieren.
- Petersilie in reichlich Salzwasser blanchieren. Herausnehmen, abtropfen lassen und mit Milch und Sahne im Mixer pürieren.
- Petersilie zusammen mit der Butter unter die noch warmen passierten Kartoffeln rühren. Mit Salz, Pfeffer und Muskat abschmecken.

Anrichten

- Petersilienpüree auf die Teller geben, Rotbarbe anlegen und Topinamburwürfel daraufsetzen. Topinambursauce und etwas Olivenöl darüberträufeln. Mit einem Dillzweig und einigen frittierten Topinamburchips garnieren.

Tipp

Damit die *Haut* der Rotbarbe schön kross wird, sollte sie vor dem Anbraten gut mit Küchenpapier abgetrocknet werden.

Weinempfehlung

»Stoan«
Kellerei Tramin

Heimisches Sommerreh mit Walnusskruste, Brezelserviettenknödel und Wurzelgemüse

Reh hat einen leicht süßlichen Geschmack und harmonisiert sehr gut mit den Brezelserviettenknödeln. Walnüsse und Wurzelgemüse sorgen für den erdigen Unterbau des Gerichts.

Für das Reh

600 g	Rehrücken, pariert
	Öl
	Thymian, Lorbeerblatt, Rosmarin
1	Knoblauchzehe
	Salz, Pfeffer

Für die Walnusskruste

30 g	Butter
15 g	Weißbrotbrösel
30 g	Walnüsse, grob gemahlen
15 g	Parmesan, gerieben
	etwas Rosmarin
1	Wacholderbeere, fein gemahlen

Für die Serviettenknödel

1	kleine Zwiebel, fein gehackt
50 g	Butter
4	Laugenbrezel (vom Vortag), in kleine Würfel geschnitten
2–3	Eier
100 g	lauwarme Milch
	Petersilie, fein gehackt
	Salz, Pfeffer

Für das Wurzelgemüse

100 g	Karotten
100 g	Sellerieknolle
100 g	Kohlrabi
100 g	Petersilienwurzeln
100 g	Lobbericher (gelbe Karotten)
8	kleine Zwiebeln
	Butter
	Petersilie, Schnittlauch

Zum Anrichten

	Parmesan, gerieben
	Butter
	Rosmarin

Reh und Walnusskruste

- Fleisch in Medaillons (à 50 g) schneiden, mit Salz und Pfeffer würzen. Zusammen mit der ungeschälten, leicht angedrückten Knoblauchzehe und den Gewürzen kurz und kräftig in heißem Öl anbraten.
- Im auf 200 Grad vorgeheizten Ofen 3–5 Minuten garen, dann 30 Minuten bei 60 Grad ruhen lassen. Das Fleisch dabei ab und an wenden.
- Für die Kruste alle Zutaten verkneten und kühl stellen.
- Kurz vor dem Servieren das Fleisch mit der Kruste belegen und bei starker Oberhitze gratinieren.

Serviettenknödel

- Zwiebel in Butter anschwitzen, zu den restlichen Zutaten geben und alles gut vermengen.
- Aus der Masse einen länglichen Knödel formen, in eine Stoffserviette wickeln und an den Enden mit Küchengarn zubinden.
- In Salzwasser 15–20 Minuten köchelnd garen.
- Aus der Serviette nehmen und in Scheiben schneiden.

Wurzelgemüse

- Gemüse waschen, schälen und in Rauten schneiden.
- In Salzwasser bissfest kochen, abkühlen lassen und mit Olivenöl in einer Pfanne schwenken.
- Vor dem Servieren mit etwas Butter, Petersilie und Schnittlauch abschmecken.

Anrichten

- Gemüse als Beet auf dem Teller anrichten, Knödelscheiben daraufsetzen, mit Parmesan bestreuen und mit Butter abschmelzen. Fleisch anlegen und mit etwas Bratensaft beträufeln. Mit Rosmarin garnieren.

Weinempfehlung
»Calldiv«
Sekt- und Weinkellerei Braunbach, Siebeneich

Reh Zur Jagdsaison – vom 1. Mai bis zum 15. Dezember (allerdings mit vielen Einschränkungen) – werden in Südtirol jährlich rund 10.000 Stück Schalenwild geschossen und die Gourmets freuen sich über das zarte, wohlschmeckende und fettarme Fleisch. Je jünger das Reh, desto zarter das Fleisch. Rücken und Keule eignen sich zum Braten, Brust und Hals vor allem für Ragouts. Wer frisches Rehfleisch kauft, sollte darauf achten, dass es nicht schwärzlich verfärbt ist bzw. auf der Oberfläche metallisch glänzt. Bei Tiefkühlware sollte man auf die Herkunftsbezeichnung und auf die Haltbarkeit achten.

Völser Himbeeren im Baumkuchenmantel mit Buttermilcheis

Ein leichtes Dessert, bei dem die Himbeeren nicht nur pur, sondern auch als Creme und Espuma daherkommen. Der leicht säuerliche Geschmack des Buttermilcheises kühlt den Gaumen.

Für den Baumkuchen

3	Eier
50 g	Marzipanrohmasse
90 g	Butter
1	unbehandelte Zitrone (Schale, abgerieben)
1 Prise	Salz
½	Vanilleschote
100 g	Zucker
50 g	Mehl

Für die Himbeercreme

100 g	Konditorcreme (s. Grundrezept S. 224)
50 g	Himbeermark
10 g	Himbeergeist
	etwas Zitronensaft
125 g	Sahne, geschlagen

Für die Himbeerespuma

75 g	Himbeermark (s. Grundrezept S. 223)
50 g	Sahne
¼ Blatt	Gelatine

Für das Buttermilcheis

125 g	Naturjoghurt
100 g	Buttermilch
75 g	Zucker
½ Blatt	Gelatine
½	unbehandelte Zitrone (Saft und Schale, abgerieben)
¼	Vanilleschote (Mark)

Zum Anrichten

	Himbeeren
	Minze
	Pistazien, fein gehackt
	Staubzucker
4	getrocknete Vanilleschoten
4	Zuckerspiralen (vom Konditor)

Weinempfehlung
Rosenmuskateller »Marklhof«
Stiftskellerei Neustift

Baumkuchen

- Eier trennen, Eigelb und Marzipan cremig rühren. Eiweiß mit Zucker steif schlagen.
- Vanilleschote längs aufschlitzen, das Mark herauskratzen und zusammen mit weicher Butter, etwas Zitronenschale und Salz schaumig rühren, zur Marzipanmasse geben. Alles gut vermengen.
- Eischnee und Mehl abwechselnd unter die Marzipanmasse heben.
- Ein Backblech mit Backpapier auslegen, 3–4 Esslöffel Teig mit einer Palette sehr flach darauf ausstreichen.
- Im Backofen bei 220 Grad Oberhitze backen, bis die Masse hellbraun ist.
- Immer wieder eine neue Teigschicht aufstreichen und backen. Schicht für Schicht weiterarbeiten, bis der Teig aufgebraucht ist (10–12 Schichten).

Himbeercreme

- Konditorcreme mit Himbeermark, Himbeergeist und Zitronensaft glatt rühren. Geschlagene Sahne vorsichtig unterheben.
- Die Creme in einen Spritzsack mit Sterntülle füllen.

Himbeerespuma

- Gelatine in kaltem Wasser einweichen, ausdrücken und in einer Sauteuse mit etwas Sahne erwärmen.
- Himbeermark und Sahne verrühren, die Gelatine dazugeben und alles in einen Siphon füllen, mit 1 Gaspatrone laden. Kalt stellen.

Buttermilcheis

- Gelatine in kaltem Wasser einweichen, ausdrücken, mit etwas Sahne erwärmen und zu den restlichen Zutaten geben. Alles gut verrühren und in der Eismaschine gefrieren lassen.

Anrichten

- Espuma in ein kleines Glas schäumen. Mit Minzeblatt und einer getrockneten Vanilleschote garnieren.
- Metallringe auf Teller platzieren. Den abgekühlten Baumkuchen in Streifen schneiden und die Metallringe damit auskleiden. Himbeercreme einfüllen und mit Himbeeren belegen. Den Ring abziehen und das Törtchen mit Staubzucker bestauben und mit einer Zuckerspirale garnieren.
- Glas mit der Espuma auf den Teller stellen. Eine Nocke Buttermilcheis anlegen und mit halbierten Himbeeren, gehackten Pistazien und Minze garnieren.

Himbeeren Neben der Erdbeere ist die Himbeere die meistverbreitete Beerenart Südtirols – mit Trend nach oben. Sommerhimbeeren können bis auf eine Höhe von 1400 Metern, Herbsthimbeeren auf 1000 Metern angebaut werden. Die Beeren wachsen vornehmlich im Martell-, Ulten-, Eisack- und Pustertal sowie auf dem Ritten. Verarbeitet werden die schmackhaften, vitaminreichen Früchtchen zu Marmelade oder Fruchtsirup, aber auch roh in Obstsalaten, Desserts oder auf Eis sind sie ein Genuss.

Anna Matscher

Der Gast soll sich nach dem Essen noch leicht und wohlfühlen

Der Gast soll sich nach dem Essen noch leicht und wohlfühlen

Berufliche Stationen

Seit 1987	Restaurant Zum Löwen, Tisens, Südtirol
1995	Praktikum, Restaurant Tantris, Hans Haas, München (D)

Anna Matscher ist anerkannt, beliebt und geschätzt. Dabei waren die kulinarischen Würden der bescheidenen, eher wortkargen Ausnahmeköchin alles andere als geplant, denn die gelernte Masseurin und ihr im Bankenwesen tätiger Mann wussten anfangs nicht wirklich, was sie mit dem geerbten Gasthaus im Dorfzentrum von Tisens machen sollten. Zunächst wollten die beiden – der Tradition entsprechend – eine gutbürgerliche Küche anbieten, in der so viel wie möglich hausgemacht sein sollte. Das war den Köchen zu viel Arbeit, sodass sich Anna Matscher kurzerhand selbst an den Küchenherd stellte.
Die Karriere der Anna Matscher im Tisner Ausnahmerestaurant »Zum Löwen« (das zuletzt meisterhaft erweitert und rundum erneuert wurde) nahm so ihren Lauf.
Das war 1987. Mehr als 20 Jahre später gehört sie zweifelsohne zu jenen ihrer Zunft, die maßgeblich dafür verantwortlich sind, dass Südtirol als kulinarische Adresse über die Landesgrenzen hinweg wohlwollend wahrgenommen wird. Anna Matschers Stärke ist es, kulinarische Traditionen mit dem nötigen Fortschritt im Kochtopf zusammenzubringen. Das bedeutet zunächst einmal, das richtige Produkt zu finden. So viel wie möglich stammt von Bauern, die genau wissen, was Anna Matscher wünscht und entsprechende Qualitäten liefern können. Eine Spezialität der Anna Matscher sind dabei Innereien: Kalbsbries, Kalbskopf, Nieren und Leber.

Ihr Cappuccino vom Kalbsbries ist ein vielbeachteter und kopierter Klassiker.
Der respektvolle Umgang mit den Produkten, ganz gleich welchen Wert diese haben, kennzeichnet die Gerichte der Anna Matscher. Dabei wird kein geschmackliches Detail vernachlässigt, das in vielen Jahren angesammelte Wissen um die Beschaffenheit der Produkte wird sorgsam verarbeitet. Anna Matschers große Stärke ist es, diese Fülle an Wissen mit Präzision einzubringen, und zwar so, dass die Speisen ebenso leicht wie nachhaltig und tiefsinnig sind. Es ist dieses unzweifelhafte Gespür für den guten Geschmack, gepaart mit einem akkuraten Handwerk, das letztendlich Anna Matschers Küche auszeichnet und ihr heute auch die ungebrochene Anerkennung diesseits und jenseits des Brenners einbringt.

Rohnenconsommè mit Krennocken

Bei diesem vitaminreichen Gericht gibt die leichte Schärfe des Krens den Rohnen eine frische Note.

Für die Rohnenconsommè

300 g	Rinderwade
1	Karotte
1	Sellerieknolle
1 Stange	Lauch
2	Knoblauchzehen
3	Wacholderbeeren
1	Thymianzweig
1	Rosmarinzweig
1 kg	rohe Rohnen
100 g	Eiswürfel
2 l	Wasser
2	Eiweiß
	Salz

Für die Krennocken

1 TL	Butter
100 g	Ziegenfrischkäse
1	Ei
2 TL	Krensaft, frisch gepresst
50–70 g	Weißbrot, entrindet und gerieben
	Salz

Zum Anrichten

Petersilie
Rohnenchips

Consommè

- Rinderwade zusammen mit dem geputzten Wurzelgemüse und den Rohnen durch den Fleischwolf drehen. Mit Knoblauch, Thymian, Rosmarin, Wacholderbeeren, Salz, Eiweiß und Eiswürfeln vermischen und in einen Topf mit 2 l kaltem Wasser geben. Zum Kochen bringen, dabei immer wieder umrühren, damit das Eiweiß nicht ansetzt.
- Etwa 2 Stunden kochen lassen, durch ein Haarsieb (mit Küchentuch auslegen) gießen und eventuell entfetten. Mit Salz abschmecken.

Krennocken

- Butter, Ziegenfrischkäse, Ei, Krensaft und Salz mit einem Schneebesen verrühren. Brotbrösel untermischen und etwas ruhen lassen.
- Nocken formen und in Salzwasser etwa 10 Minuten kochen lassen.

Anrichten

- Nocken in tiefe Teller legen und Rohnenconsommè angießen. Mit Petersilie und Rohnenchips garnieren.

Tipps

Verwenden Sie für die Herstellung von *Nocken* oder auch Knödeln immer zwei Tage altes Weißbrot.

Für die *Rohnenchips* werden dünne, mehlierte Rohnenscheiben kurz in Öl frittiert.

Wenn die *Consommè* nicht dunkelrot wird, dann gibt man einige Rohnenstücke dazu und lässt alles noch einmal kurz aufkochen.

Weinempfehlung
Goldmuskateller »Sand«
Kellerei Schreckbichl, Girlan

Rohnen Die in Südtirol umgangssprachlich als Rohnen bezeichneten Roten Rüben bzw. Roten Beten werden auf etwa 50 Hektar angebaut, vor allem im Pustertal. Die Jahresernte beträgt rund 3000 Tonnen. Das dunkelrote Knollengemüse trägt das Südtiroler Qualitätszeichen. Erntefrisch kommt das Gemüse mit leicht süßlichem, erdigem Geschmack von August bis Oktober in den Handel. Rohnen enthalten viel Folsäure, Eisen, Kalium und Vitamin B.

Cannelloni mit Graukäsefüllung und Fleischtomaten

Der leichte und fast fettlose Graukäse ist ein kongenialer Partner für dieses mediterrane Nudelgericht.

Zutaten

200 g	Nudelteig (s. Grundrezept S. 225)
100 g	Graukäse
200 g	Kartoffeln
500 g	Fleischtomaten, gehäutet und entkernt
	Butter
	etwas Sahne
	Salz

Zum Anrichten

Basilikumöl
Tomatenöl

Zubereitung

- Kartoffeln kochen, durch ein Sieb passieren und mit etwas Sahne und Butter zu einem Püree verarbeiten. Mit Salz abschmecken und den klein geschnittenen Graukäse untermengen.
- Nudelteig dünn ausrollen und in rechteckige Teigblätter (14 x 6 cm) schneiden.
- Die Füllung mithilfe eines Spritzbeutels (ohne Tülle) als Streifen in die Mitte der Teigblätter spritzen. Teigränder mit Wasser bestreichen, zu Cannelloni aufrollen und die Ränder fest andrücken. In Salzwasser 4–5 Minuten kochen lassen.
- Fleischtomaten in kleine Würfel schneiden. 1 Esslöffel Butter bei kleiner Hitze schmelzen lassen, bis sie zerläuft, aber nicht gebräunt ist. Tomaten dazugeben. Mit Salz abschmecken.

Anrichten

- Cannelloni kreuzweise auf die Teller legen. Dazwischen die Tomaten anrichten und mit Basilikum- und Tomatenöl garnieren.

Tipp

Damit die *Cannelloni* beim Kochen nicht zerfallen, darf die Füllung nicht zu flüssig sein. Deshalb für das Kartoffelpüree nur wenig Sahne und Butter verwenden.

Weinempfehlung

Blauburgunder »Filari di Mazzòn«
Ferruccio Carlotto, Auer

Tomaten Über 10.000 Tomatensorten gibt es weltweit. In Südtirol bauen Bäuerinnen seit einigen Jahren rund 50 Tomatensorten an, allesamt in Form, Farbe und Größe verschieden. Das Projekt wurde von der Bozner Fachschule für Hauswirtschaft initiiert und soll Bauern, Köche und Gourmets für die Kulturpflanzenvielfalt sensibilisieren. Hauptanbaugebiete sind das Etschtal, das mittlere Eisacktal und das Eggental.

Risotto mit Ziegenkäse und Tisner Kastanien

Die Kastanie, früher Speise der armen Leute, wird in der modernen Küche aufgrund ihres Vitamin- und Mineralstoffgehaltes sehr gerne verwendet. Der würzige Ziegenkäse und die milden Kastanien harmonieren vorzüglich.

Zutaten

280 g	Carnaroli-Reis
150 g	Kastanien, gekocht, geschält und gehackt
120 g	Ziegenfrischkäse
1	Schalotte, fein gehackt
50 g	Südtiroler Weißwein
1 l	Fleischbrühe
	Salz
	Olivenöl
	etwas Butter

Zum Anrichten

Kastanien, gekocht und geschält

Zubereitung

- Schalotten in Olivenöl anschwitzen, Reis dazugeben und kurz farblos anrösten. Mit Weißwein ablöschen. Wenn der Wein verdampft ist, so viel Fleischbrühe angießen, dass der Reis bedeckt ist.
- Unter ständigem Rühren nach und nach Kastanien und Ziegenfrischkäse dazugeben und immer wieder Fleischbrühe angießen. Etwa 18 Minuten kochen lassen. Mit Salz und Butter abschmecken.

Anrichten

- Risotto auf dem Teller anrichten. Kastanien darüberhobeln.

Tipp

Der *Ziegenfrischkäse* sollte recht mild sein und nicht zu viel Flüssigkeit enthalten. Eventuell in einem Küchentuch etwas ausdrücken.

Weinempfehlung

Gewürztraminer »Blaspichl«
Haderburg, Alois Ochsenreiter, Salurn

Kastanien Die bekanntesten Edelkastanien Südtirols stammen aus dem Eisacktal und vom Tisner Mittelgebirge oberhalb von Lana. Die süße, gesunde und kalorienarme Frucht ist ein Muss in der sogenannten spätherbstlichen fünften Jahreszeit Südtirols, dem Törggelen. Die Kastanie hat aber auch Einzug in die feine Küche gehalten: in Suppen, Risotti, Hauptgerichten und Desserts. Bis ins 19. Jahrhundert galt sie als Speise des armen Volkes. Die ersten Bäume dürften von den Römern gepflanzt worden sein, verbreitet und veredelt wurde der Baum hierzulande wahrscheinlich von den Langobarden um 600 n. Chr. Zur wahren Kastanienkultur kam es im südlichen Tirol im 13./14. Jahrhundert. In Völlan informiert ein Lehrpfad über die Edelkastanie und ihren Anbau.

Gebackene Kalbsleber auf getrüffeltem Kartoffelschaum

Innereien galten früher als besondere Delikatesse, später bekamen sie das Image einer typischen Armenkost. Die Leber hat aber immer noch viele Liebhaber. Sie wird hier durch den Schwarzen Trüffel geadelt und aufgewertet.

Für die Kalbsleber

600 g	Kalbsleber, pariert
	Mehl
	Öl zum Frittieren
	Salz, Pfeffer

Für den getrüffelten Kartoffelschaum

800 g	Kartoffeln
	etwas Butter
	etwas Sahne
50 g	Schwarze Trüffel
	Salz

Zum Anrichten

100 g	Kalbsfond, reduziert (s. Grundrezept S. 224)
	Petersilie
	Schwarze Trüffel
	Trüffelschaum

Kartoffelschaum

- Kartoffeln schälen und in Salzwasser weich kochen. Durch ein Sieb passieren. Soviel Butter und Sahne unterrühren, dass ein feines Kartoffelpüree entsteht. Mit Salz abschmecken.
- Schwarze Trüffel sorgfältig mit einer Bürste unter fließendem Wasser säubern, in sehr kleine Würfel schneiden und unter das Püree rühren.

Kalbsleber

- Die parierte Kalbsleber in dünne Scheiben schneiden, in Mehl wenden und in Öl frittieren. Salzen und pfeffern. Auf 4 Holzspieße stecken.

Anrichten

- Den Kartoffelschaum auf Tellern anrichten. Die Leberspieße daraufsetzen, mit reduziertem Kalbsfond, Trüffelschaum und Petersilie garnieren. Trüffel darüberhobeln.

Tipp

Die *Kalbsleber* sollte hell und klein sein. Verlangen Sie beim Metzger heimische Leber und lassen Sie sich die Leber von ihm parieren.

Weinempfehlung
»Yugum«
Peter Dipoli, Neumarkt

Variation von der Tisner Kastanie

Das Gericht wird durch den süßsauren Apfel und das Tannin der Kaki aufgelockert.

Für die Kastanienmousse

- 250 g Kastanien, gekocht und geschält
- 200 g Sahne
- 130 g Zucker
- 50 g weiße Schokolade
- 2 Eier
- 150 g Sahne, geschlagen
- 2 Blätter Gelatine

Für das Kastanieneis und die karamellisierten Äpfel

- 400 g Milch
- 100 g Sahne
- 4 Eigelb
- 100 g Zucker
- 250 g Kastanien, gekocht und geschält
- 2 Äpfel (z. B. Granny Smith)
- 1 Vanilleschote
- etwas Weißwein
- Zucker

Für die Hippen

- 125 g brauner Zucker
- 40 g Glucosesirup
- 125 g Mandeln, gemahlen
- 100 g Mehl
- 125 g Wasser
- 125 g Zucker
- 1 Vanilleschote
- 3 unbehandelte Orangen
- 125 g Butter

Für die Kastanienpralinen

- 100 g Kastanien, gekocht und passiert
- 1 EL Staubzucker
- 1 TL Rum
- 30 g Sahne

Zum Anrichten

- Kakisauce (s. Tipp)
- 1 Kaki, in Spalten geschnitten
- Schokolade, geschmolzen
- Lavendelblüten

Kastanienmousse

- Kastanien, Sahne und 80 g Zucker etwa 5 Minuten aufkochen und durch ein Sieb streichen.
- Eier mit 50 g Zucker auf dem Wasserbad aufschlagen bis eine dickliche Creme entsteht.
- Weiße Schokolade bei 28 Grad schmelzen lassen, Gelatine in kaltem Wasser einweichen.
- Kastanienmasse, flüssige Schokolade, Eiermasse und die ausgedrückten Gelatineblätter miteinander verrühren und auskühlen lassen. Geschlagene Sahne unterheben. Kalt stellen.

Kastanieneis und karamellisierte Äpfel

- Eigelb und Zucker schaumig rühren. Milch, Vanilleschote und Sahne aufkochen, zur Eiermasse geben und auf dem Wasserbad zur Rose abziehen.
- Passierte Kastanien dazugeben, Masse auskühlen lassen. In die Eismaschine füllen und gefrieren lassen.
- Äpfel schälen und in Würfel schneiden. Zucker in einem Topf karamellisieren lassen, Äpfel dazugeben und mit Weißwein ablösen. Etwas einkochen lassen.

Hippen

- Wasser mit braunem Zucker aufkochen, Glucosesirup zufügen.
- Mandeln, Mehl, Zucker, Vanilleschote, Orangensaft und -schale zugeben und gut verrühren. Zum Schluss die schaumig geschlagene Butter unterrühren. Im Kühlschrank etwa 24 Stunden ruhen lassen.
- Aus Pappe oder Kunststoff eine Schablone mit einem Durchmesser von etwa 10 cm schneiden. Die Schablone auf Backpapier legen und etwas Teig in die Mitte geben. Mit einer Teigpalette den Teig so verstreichen, dass die Schablone ausgefüllt ist. Schablone vorsichtig abheben.
- Im vorgeheizten Backofen bei 190 Grad backen, bis die Hippen leicht braun werden. Noch warm vom Blech lösen und über einem Rundholz zu Cannelloni formen, auskühlen lassen. Cannelloni mit der Kastanienmousse füllen.

Kastanienpralinen

- Alle Zutaten gut verrühren, kleine Kugeln formen und zur Hälfte in geschmolzene Schokolade tauchen. Kalt stellen.

Anrichten

- Die mit Kastanienmousse gefüllten Cannelloni auf dem Teller platzieren. Kakispalten anlegen. Karamellisierte Äpfel auf die andere Seite geben und mit einer Nocke Eis belegen. Mit Kastanienpralinen, Kakisauce, geschmolzener Schokolade und Lavendelblüten garnieren.

Weinempfehlung
Rosenmuskateller »Abtei Muri«
Kellerei Muri-Gries, Bozen

Tipp
Für die *Kakisauce* streicht man 1 Kaki (sehr reif) durch ein Sieb und schmeckt das Püree mit etwas Whisky ab.

Norbert Niederkofler

Wer die Angebote
der Natur nützt,
braucht keine Rezepte

Wer die Angebote der Natur nützt, braucht keine Rezepte.

Berufliche Stationen

1988–1990	Kurhausstüberl, Alfons Schuhbeck, Waging am See (D)
1991	Restaurant Jörg Müller, Sylt (D)
1992	Restaurant Aubergine, Eckart Witzigmann, München (D)
1993	Restaurant David Bouley, New York City (USA)
1993	Sporthotel Teresa Pedraces und Restaurant Ciastel Colz, Gadertal, Südtirol
Seit 1994	St. Hubertus im Hotel Rosa Alpina, St. Kassian, Südtirol

■ Norbert Niederkofler ist ein umtriebiger Geist. Er schaut sich permanent um, lernt, probiert, tüftelt – hier und jenseits des großen Teichs. Akkurat setzt er das Gesehene um und inszeniert, was sich in seinem Kopf zusammengefügt hat. Dabei lässt er sich gerne auch vom tiefsinnigen Spiel der Farben leiten. Deren Kraft und Suggestivität will er im Teller binden. Das Rot der Tomate steht für Vitalität und Energie, das Grün des Bärlauchs, des Spinats oder Basilikums für Frische und Harmonie, das Gelb der Passionsfrucht für Licht, Heiterkeit und Freude. Und immer stärker ist Niederkofler bestrebt, das Moderne aus aller Welt in die Tradition seiner Heimat Südtirol fließen zu lassen und so eine glückliche, moderne Geschmacksliaison zu schaffen.

Der Spitzenkoch aus dem Ahrntal sprüht nur so vor Energie und ist in seinem Schaffen stets hoch konzentriert. In seiner Arbeit verliert er aber nie die Leichtigkeit, die es vermag, aus einer sehr guten Küche eine exzellente zu machen. Seine Bühne ist das Restaurant »St. Hubertus« im Hotel Rosa Alpina, eine ganz dem ländlichen Jagdstil nachempfundene Gourmetresidenz, in der Holz und moosgrüne Stoffe das Bild prägen. Sein Theater und

seine Kulisse sind hingegen St. Kassian im Gadertal und die bleichen Berge der Dolomiten. Das »St. Hubertus« ist kein überheblicher Genusstempel – trotz der hohen Auszeichnungen –, sondern ein lustvoller, stilsicherer Ort, an dem jeder Gast zwei bis drei Stunden Urlaub vom Alltag nehmen und sich vertrauensvoll in die kulinarischen Hände von Norbert Niederkofler begeben kann.

Wie also Niederkoflers Küche charakterisieren? Vielleicht so: Eine zeitgeistige Küche, die sich Anleihen aus der Welt holt, die Traditionen seiner Heimat achtet und daraus eine Symbiose schafft, die unterschiedliche Geschmackswelten auf vortreffliche Art und Weise zusammenführt. Diese Küchenphilosophie ließ ihn zur kulinarischen Institution weit über das Land Südtirol hinaus werden. Es ist auch der Verdienst seiner Umtriebigkeit, seines Talents, aber vor allem seiner Disziplin und seines Zielbewusstseins.

Bärlauchgelatine mit Flusskrebsen, Spargelspitzen und Tomatenpulver

Dieses Gericht ist ein Spiel mit den Farben Grün und Rot. Ein Abtasten der Elemente Wasser und Erde. Ein Rezept, in dem sich die Natur trotz all ihrer Kraft mit Leichtigkeit manifestiert.

Für die Gelatine

350 g	Gemüsebrühe, kalt
1 Msp.	Agar Agar (aus dem Bioladen)
3 Blätter	Gelatine
50 g	Bärlauch
	Salz, Pfeffer

Für die Flusskrebse und Spargelspitzen

16	Flusskrebse
	Court Bouillon (einreduzierte Brühe)
12	Datteltomaten
4 Stangen	weißer Spargel
4 Stangen	grüner Spargel
8	Sojabohnen, halbiert
	etwas Zucker
	etwas Weißwein
	etwas Zitronensaft
	Zitronenvinaigrette (s. Grundrezept S. 225)

Zum Anrichten

	Löwenzahn
10	Tomatenschalen, getrocknet und gemahlen
	Forellenkaviar
	Schnittlauch
	Tomatenpulver (s. Tipp)
	Tomatenöl
	Spargelsalat (s. Tipp)

Bärlauchgelatine

- Bärlauch blanchieren, herausnehmen und auf Eis auskühlen lassen. Mit Gemüsebrühe mixen und durch ein Sieb passieren. Mit Salz und Pfeffer abschmecken.
- Gelatine in kaltem Wasser einweichen, gut ausdrücken und in etwas lauwarmem Bärlauchfond zusammen mit Agar Agar schmelzen lassen. Unter den restlichen Bärlauchfond rühren.
- Etwa 1 cm hoch in eine längliche Schale geben und im Kühlschrank fest werden lassen. In Rechtecke schneiden.

Flusskrebse

- Court Bouillon aufkochen lassen, vom Herd nehmen und Flusskrebse darin etwa 4 Minuten ziehen lassen. In Eiswasser auskühlen lassen. Fleisch aus den Schalen lösen.
- Aus den Schalen einen Krustentierfond kochen. Die Flusskrebse darin vor dem Servieren leicht erwärmen.

Salat

- Tomaten blanchieren, vierteln und entkernen. Auf ein Blech legen, Kräuter dazugeben und im vorgeheizten Backofen bei 90 Grad etwa 2 Stunden trocknen lassen.
- Spargel schälen und in leicht gesalzenem Wasser mit etwas Zucker, Weißwein und Zitronensaft bissfest kochen, in gesalzenem Eiswasser abschrecken und vierteln.
- Sojabohnen blanchieren und ebenfalls in Eiswasser abschrecken.
- Tomaten, Spargel und Sojabohnen in Zitronenvinaigrette marinieren.

Anrichten

- Gelatinenrechteck auf den Teller geben und mit dem Gemüse und den Flusskrebsen belegen, mit Löwenzahn garnieren. Daneben eine feine Linie mit Tomatenpulver streuen, auf der anderen Seite etwas Tomatenöl auftropfen. Eine Nocke Spargelsalat ansetzen und mit Forellenkaviar und Schnittlauch dekorieren.

Tipps

Für das *Tomatenpulver* Tomatenschalen trocknen lassen und zu Pulver vermahlen.

Für den *Spargelsalat* weißen Spargel kochen, in feine Würfel schneiden, salzen und zu einer Nocke formen.

Weinempfehlung

Weißburgunder »Barthenau Vigna S. Michele«
Kellerei Hofstätter, Tramin

Mit Büffelricotta gefüllte Buchweizentortelli auf Bohnenfond und Calamaretti spillo

Das Bäuerliche und das Mediterrane finden hier eine harmonische Verschmelzung. Der Buchweizen, einst Grundnahrungsmittel der Bauern im Alpenland, trifft auf Büffelricotta, Tomaten und Calamaretti spillo (die man auch evtl. weglassen kann).

Für die Füllung und Nocken

200 g	Büffelricotta
	Salz, Pfeffer
1 Spritzer	Zitronensaft
	Tomatenöl

Für den Nudelteig

1 kg	Buchweizenmehl
100 g	Weizengrieß
100 g	Weizenmehl
10	Eier
9 g	Salz
10 g	Olivenöl

Für den Bohnenfond

500 g	grüne Bohnen (Bobby)
1 TL	Xantana (über Internetversand)
	Salz, Pfeffer

Für die Calamaretti

300 g	Calamaretti spillo
	Olivenöl
	Salz, Pfeffer

Zum Anrichten

1 EL	Buchweizenschrot
	Sellerieblätter
	Kerbel
	getrocknete Tomatenspalten (s. Tipp)

Weinempfehlung
Sauvignon »Quarz«
Kellerei Terlan

Füllung und Nocken

- Für die Füllung 150 g Büffelricotta mit Salz, Pfeffer und Zitronensaft abschmecken, kurz aufmixen.
- Restliche Büffelricotta mit Salz, Pfeffer und etwas Tomatenöl abschmecken. Mithilfe von 2 Löffeln daraus kleine Nocken formen.

Nudelteig

- Alle Zutaten in einer Schüssel vermischen, zu einem Teig verkneten und abgedeckt ruhen lassen. Mit der Nudelmaschine dünn ausrollen und etwa 7 cm große Quadrate ausschneiden. Etwas Büffelricotta in die Mitte des Teigblattes setzen und zu Tortelli formen.

Bohnenfond

- Grüne Bohnen in Salzwasser blanchieren und in Eiswasser abschrecken. Bohnen in einen Entsafter geben. Den Saft durch ein Haarsieb passieren und mit Xantana binden. Mit Salz und Pfeffer abschmecken, lauwarm halten.

Calamaretti spillo

- Calamaretti spillo putzen und in Olivenöl scharf anbraten. Salzen und pfeffern.

Anrichten

- Lauwarmen Bohnenfond auf die Teller träufeln. Tortelli daraufsetzen und mit Buchweizenschrot bestreute Büffelricottanocken daneben platzieren. Calamaretti dazugeben. Mit Sellerieblatt, Kerbel und getrockneten Tomatenspalten garnieren.

Tipp
Für die *getrockneten Tomatenspalten* eine Tomate San Marzano schälen und entkernen. Salzen, pfeffern und mit etwas Olivenöl auf ein Backblech geben. Bei 40–50 Grad 3–4 Stunden im Backofen trocknen lassen und in dünne Spalten schneiden.

Buchweizen Buchweizen – in Südtirol Schwarzplenten genannt – gehört zur Familie der Knöterichgewächse und war einst wesentlicher Bestandteil des bäuerlichen Speiseplans. Buchweizen ist sehr eiweißreich und enthält essenzielle Spurenelemente wie das Polyphenol Rutin. Er wurde oft in der hofeigenen Mühle gemahlen und zu Schwarzplentenen Knödeln verarbeitet. Andere Ernährungsgewohnheiten, geringe und unsichere Erträge sowie häufige Vogel- und Wildschäden führten zum fast vollständigen Verschwinden dieser Kulturpflanze in Südtirol.

Saibling auf Blattspinat mit Speckjulienne, Fond von gegrillten Kartoffeln und Bratkartoffelespuma

Der forellenartige Saibling trifft auf den Südtiroler Speck, das wohl archaischste aller Südtiroler Nahrungsmittel. Der Speck verleiht dem ansonsten sehr dezenten Gericht die nötige Würze.

Für den Saibling

- 4 Saiblingsfilets
- 3 EL Bergkräutertee
- 1 l Wasser
- Salz, Pfeffer

Für den Kartoffelfond

- 250 g Kartoffeln
- 125 g Fond blanc
- 1 TL Xantana (über Internetversand)
- Salz, Pfeffer

Für die Bratkartoffelespuma

- 250 g Kartoffeln
- 50 g weiße Zwiebeln, in kleine Würfel geschnitten
- 100 g Geflügelfond (s. Grundrezept S. 223)
- 150 g Milch
- 50 g Butter
- Olivenöl

Für den Spinat und die Speckjulienne

- 100 g Speck
- 100 g Spinatblätter
- Olivenöl
- Salz, Pfeffer
- Zitronensaft

Für das Specköl

- 200 g Speck, in Würfel geschnitten
- 200 g Traubenkernöl

Zum Anrichten

- Dill
- Blattsalate
- Chips von blauen Kartoffeln
- kross gebratene Kartoffelwürfel (s. Tipp)

Saibling

- In einer Sauteuse einen Fond aus Wasser und Bergkräutertee kochen und zum Verdampfen bringen. Den Saibling auf einen Siebeinsatz legen und 4–5 Minuten in der Sauteuse dämpfen. Die Haut abziehen, mit Salz und Pfeffer würzen.

Kartoffelfond

- Kartoffeln in Scheiben schneiden und auf dem Holzkohlegrill auf beiden Seiten kräftig grillen. Zusammen mit dem Fond blanc in einen Vakuumbeutel geben und im Wasserbad bei 75 Grad 6 Stunden ziehen lassen.
- Durch ein Sieb passieren, mit Salz und Pfeffer würzen und falls notwendig mit Xantana binden.

Bratkartoffelespuma

- Kartoffeln mit Schale vierteln und in Olivenöl anbraten. Zwiebelwürfel dazugeben und alles bei 200 Grad im Ofen rösten lassen. Anschließend mit Geflügelfond aufgießen, vakuumieren und etwa 6 Stunden bei 75 Grad im Wasserbad garen lassen.
- Kartoffeln schälen, durch ein Sieb streichen und mit Butter und Milch zu einem Kartoffelpüree verarbeiten. In einen Siphon füllen und mit einer Gaspatrone laden.

Spinat und Speckjulienne

- Speck in feine Julienne schneiden und in einer Pfanne mit Olivenöl rösten, bis er schön knusprig ist. Warm stellen.
- Spinatblätter mit Salz und Pfeffer würzen und mit Olivenöl und Zitronensaft abschmecken.

Specköl

- In einer Sauteuse Speck mit etwas Traubenkernöl anrösten. Dann restliches Traubenkernöl hinzufügen.
- Vakuumieren und im Wasserbad bei 55 Grad etwa 1 Stunde ziehen lassen. Filtrieren und kühl aufbewahren.

Anrichten

- Spinatblätter auf den Teller geben, mit Speckjulienne garnieren und mit Fond beträufeln. Den Saibling daraufsetzen und mit kross gebratenen Kartoffelwürfeln und Blattsalaten belegen. Bratkartoffelespuma ansetzen und mit blauen Kartoffelchips und Dill garnieren.

Tipp

Für die *kross gebratenen Kartoffelwürfel* ½ Kartoffel in winzige Würfel schneiden, unter fließendem Wasser abspülen und anschließend in der Pfanne kurz frittieren.

Weinempfehlung
Chardonnay »Cornell Formigar«
Kellerei Schreckbichl, Girlan

Variation vom Milchkalb

Jedes der beiden Gerichte kann auch für sich alleine stehen. Beim ersten Gericht wird die Leichtigkeit durch die Zitronen verstärkt. Das zweite, der Tafelspitz (der für das traditionelle Südtirol steht), wurde von Niederkofler weiterentwickelt und schmeckt auch kalt sehr gut.

Kalbsfilet in Limonenöl gegart

Zutaten

- 500 g Kalbsfilet, pariert
- 100 g Zitronenöl
- 50 g Traubenkernöl
- 2 Zitronenblätter
- Salz, Pfeffer
- etwas Butter
- frische Kräuter (Schnittlauch, Kerbel, Zitronenthymian)

Für die Karotten und das Pastinakenpüree

- 8 Baby-Karotten
- 300 g Pastinaken
- 100 g Sahne
- Salz, Pfeffer

Zum Anrichten

- Thymian
- alter Balsamico-Essig

Kalbsfilet

- Kalbsfilet mit Zitronen- und Traubenkernöl sowie den Zitronenblättern vakuumieren und 48 Stunden marinieren lassen. Herausnehmen, salzen, pfeffern und erst in Klarsichtfolie, dann in Alufolie einrollen. Die Enden gut verschließen.
- Bei 80 Grad 10–12 Minuten im Wasserbad garen (die Kerntemperatur vom Fleisch sollte etwa 42 Grad betragen). Aus der Folie wickeln und etwa 15 Minuten ruhen lassen.
- Kurz vor dem Anrichten in etwas Butter braten und in den frisch gehackten Kräutern wälzen.

Karotten und Pastinakenpüree

- Karotten schälen (Krautansatz nicht entfernen), in Salzwasser blanchieren, in Eiswasser abschrecken und kurz in Butter schwenken.
- Pastinaken schälen, in kleine Stücke schneiden und dämpfen. In einen Mixer geben und pürieren. Dabei die Sahne nach und nach zufügen. Mit Salz und Pfeffer abschmecken.

Anrichten

- Kalbsfilet auf einen Teller geben. Daneben das Pastinakenpüree ansetzen und mit den Babykarotten, etwas Thymian und altem Balsamico-Essig garnieren.

Kalbstafelspitz in der Senfkruste

Zutaten

- 400 g Kalbstafelspitz
- 50 g Olivenöl
- 2 Thymianzweige
- Salz, Pfeffer
- 100 g Dijon-Senf
- 100 g Panko (Paniermehl aus dem Asialaden)
- Öl zum Frittieren

Für die Kartoffeln und die Pfifferlinge

- 1 Kartoffel
- Olivenöl
- Salz, Pfeffer
- 24 kleine Pfifferlinge
- 1 Schalotte, fein gehackt

Zum Anrichten

- Olivenöl
- alter Balsamico-Essig
- Dill

Kalbstafelspitz

- Kalbstafelspitz zusammen mit Salz, Pfeffer, Thymianzweigen und Olivenöl vakuumieren und bei 75 Grad im Wasserbad etwa 24 Stunden garen. In Eiswasser abkühlen, aus dem Vakuumbeutel nehmen und in etwa 2 cm dicke Scheiben schneiden.
- Die Scheiben vom Tafelspitz mit Dijon-Senf bestreichen, in Panko wenden und in Sonnenblumenöl goldgelb frittieren.

Kartoffeln und Pfifferlinge

- Kartoffel schälen und in etwa 1 cm dicke Scheiben schneiden. Mit einem runden Ausstecher Kreise ausstechen und in einer Pfanne braten. Salzen und pfeffern.
- Pfifferlinge und Schalotte in Olivenöl anschwitzen, mit Salz würzen.

Anrichten

- Kalbstafelspitzscheiben auf Teller setzen und mit gebratenen Kartoffelscheiben und Pfifferlingen anrichten. Mit Dill, Olivenöl und altem Balsamico-Essig garnieren.

Weinempfehlung
Cabernet »Löwengang«
Alois Lageder, Margreid

Variation von Himbeeren und Rhabarber

Protagonisten dieser Dessertvariation sind Rhabarber – eigentlich ein vitamin- und mineralstoffreiches Gemüse – und Himbeeren, die man auch durch Walderdbeeren ersetzen kann.

Rhabarber im Glas

Für die Rhabarbercreme

600 g	Rhabarber
1	Vanilleschote
1	Zimtstange
1	Ingwerscheibe
50 g	Himbeeren
215 g	Zucker
75 g	Wasser
1 Blatt	Gelatine
100 g	Sahne, geschlagen

Für die Rhabarbergelatine

100 g	Rhabarberfond (entsteht beim Kochen des Rhabarbers für die Creme)
10 g	Champagner
1 Blatt	Gelatine

Zum Anrichten

Buttermilchsorbet (s. Grundrezept S. 222)
Minze

Rhabarbercreme

- Rhabarber schälen und in grobe Stücke schneiden. Mit Vanillemark, Zimt, Ingwer und Himbeeren in eine Kasserolle geben. Wasser und 200 g Zucker auf 120 Grad erhitzen und über den Rhabarber gießen. Mit Alufolie abdecken und im Backofen bei 160 Grad etwa 25 Minuten garen.
- Gut abkühlen lassen. Gewürze und Rhabarberstücke entfernen und den Fond durch ein Küchentuch passieren. Für die Rhabarbergelatine beiseite stellen.
- Rhabarber durch ein Sieb streichen, sodass Rhabarbermark entsteht. 110 g werden für die Rhabarbercreme benötigt.
- Gelatine in kaltem Wasser einweichen. Etwas Rhabarbermark erwärmen und die gut ausgedrückte Gelatine sowie den Zucker darin auflösen. Unter das restliche Rhabarbermark rühren und vorsichtig die geschlagene Sahne unterheben. In Gläser füllen und anziehen lassen.

Rhabarbergelatine

- Gelatine einweichen, Rhabarberfond leicht erwärmen und die gut ausgedrückte Gelatine darin auflösen. Champagner unterrühren, in eine Schüssel geben und im Kühlschrank etwas anziehen lassen.
- Die Rhabarbercreme mit einer Schicht Rhabarbergelatine abdecken.

Anrichten

- Auf die Rhabarbercreme und die -gelatine eine Kugel Buttermilchsorbet setzen und mit Minze garnieren.

Himbeertarte

Für die Orangenhippe

150 g	Butter
400 g	Zitronensaft
175 g	Orangensaft
3	unbehandelte Orangen (Schalen, abgerieben)
150 g	Mehl

Für die Schokoladensauce

120 g	Sahne
100 g	Schokolade, in Stücke

Zum Anrichten

	Himbeergelee (s. Grundrezept S. 223)
	Himbeersauce (s. Grundrezept S. 224)
	weiße Schokoladenmousse (s. Grundrezept S. 225)
200 g	frische Himbeeren
1 EL	gehackte Pistazien
	Staubzucker, Minze
	Schokoladendekor

Orangenhippe

- Butter auf kleiner Flamme schmelzen lassen. Wenn sich Schaum bildet, Zucker langsam zufügen und fest werden lassen. Auskühlen lassen.
- Zitronen- und Orangensaft sowie Orangenschale dazugeben, Mehl unterheben und Masse im Kühlschrank einige Stunden ruhen lassen.
- Masse mithilfe einer rechteckigen Schablone (13 x 2 cm) etwa 1 mm dick auf eine Silpat-Matte streichen und bei 180 Grad im vorgeheizten Backofen etwa 8 Minuten backen. Herausnehmen, abkühlen lassen und vorsichtig von der Matte lösen.

Schokoladensauce

- Sahne aufkochen, Schokolade langsam zugeben und darin schmelzen lassen. Glatt rühren und auskühlen lassen.

Anrichten

- Himbergelee auf eine Orangenhippe legen und mit einer zweiten Hippe abdecken. Etwas weiße Schokoladenmousse als Streifen daraufspritzen. Himbeeren mit weißer Schokoladenmousse füllen und mit etwas Himbeersauce beträufeln.
- Mit Staubzucker, gehackten Pistazien, Schokoladensauce, weißer Schokoladenmousse, Minze und Schokoladendekor garnieren.

Weinempfehlung
Rosenmuskateller »Terminum«
Kellerei Tramin

Chris Oberhammer

Leidenschaftlich kochen aus Liebe zum Detail

Leidenschaftlich kochen aus Liebe zum Detail

Berufliche Stationen

1991	Maison du Bouef, Villa Lorraine, L'ecailler du Palais Royal, Brüssel (B)
1992–1996	Diverse Stationen in Südtiroler Restaurants
1996	Le Diamant Rose, Côte d'Azur (F)
1997	Relais Dessert, Daniel Hue, Ruelle-sur-Touvre (F)
1998	Le Louis XV, Alain Ducasse, Monte Carlo
seit 2001	Tilia, Obervintl, Südtirol

Chris Oberhammer ist kein Koch der großen Worte und das gestenreiche Erklären seiner Arbeit liegt ihm fern. Oberhammer ist aber einer, der stets den Überblick bewahrt, ein geradliniger und disziplinierter Koch, der Präzision schätzt und bei dem jeder Handgriff den Eindruck erweckt, als habe er nie etwas anderes in seinem Leben gemacht als gekocht. Schon mit 18 Jahren zog es ihn ins Ausland und seine Wanderjahre in die unterschiedlichsten Küchen haben ihn geprägt, ohne ihn jedoch auf eine Richtung festzunageln. Seine heutige Inspiration, seine eigene Handschrift, bezieht er aus dem Überblick, wobei Vorliebe und Schule eindeutig der französischen Küche zuzuordnen sind. Hier lernte er bei Meistern ihres Faches was es heißt, präzise und konstant auf hohem Niveau zu kochen und sich unermüdlich auf die Suche nach geschmacklichen Pointierungen und den unterhaltsamen Gaumenschmaus einzulassen. Es ist dieser Wille, der ihn und seine Mannschaft antreibt. Doch Oberhammer wäre nicht Oberhammer, wenn er sein Talent nicht auch über das Gourmetrestaurant hinaus einsetzen würde. So ist er mit seinen jungen Jahren bereits Berater und Mentor für Restaurants, Betreiber eines Catering Services und ganz nebenbei auch ambitionierter Künstler – seine Werke schmücken die Stuben des kleinen Feinschmeckerrestaurants »Tilia« in Obervintl.

Kunstsinnig wie Oberhammer unter der etwas rauen Schale ist, hat er sich für seine kulinarische Rückkehr nach Südtirol nicht irgendeine Wirkungsstätte ausgesucht. Mit dem Obervintler Ansitz Töpsl aus dem 14. Jahrhundert hat er einen einstigen Gerichtssitz zur Gourmetadresse erhoben. Wer ihm beim Kochen zusieht, der merkt, dass ihn schwerlich etwas aus der Ruhe bringen kann. Es ist diese professionelle Sicherheit, die sich auch in seiner Küche manifestiert. Der Versuch, gezielt auf Regionales zu setzen und dabei immer wieder in dezenter Manier moderne französische Akzente einfließen zu lassen, ist geglückt. Dabei sollen die Produkte so unverfälscht wie möglich auf den Tellern landen; Garzeiten und Küchentechnik sind darauf abgestimmt. Seine Gerichte brauchen keine Schnörkel; auch das eine Wesensart des Kochs, aber auch des Menschen Chris Oberhammer.

Speckbrot

Das Grundrezept ist immer dasselbe, die Zutaten können aber nach Belieben variieren: Oliven, Zwiebel, Äpfel …

Zutaten

350 g	Weizenmehl (Type 00)
150 g	Weizenmehl (Type 0)
30 g	Weizenbackschrot
15 g	Salz
10 g	Hefe
100 g	Speck, fein gewürfelt
330 g	Wasser
1 TL	Kräuter (z. B. Rosmarin)

Zubereitung

- Alle Zutaten gut vermischen und zu einem Teig verkneten. Den Teig abgedeckt etwa 24 Stunden im Kühlschrank ruhen lassen.
- Aus dem Teig längliche Brote formen und etwa 1 Stunde ruhen lassen.
- Anschließend im vorgeheizten Backofen bei 200 Grad (Ober- und Unterhitze) etwa 20 Minuten backen.

Tipps

Das *Brot* ist fertig, wenn es beim Daraufklopfen hohl klingt.

Man kann das *Brot* auch gut mit Oliven, Zwiebeln oder Äpfeln zubereiten.

Weinempfehlung

»Dominius Zweigelt«
Eisacktaler Kellerei, Klausen

Brot Landestypische Brotsorten entwickelten sich über Jahrhunderte und wurden zum Spiegelbild der Unterschiede in den einzelnen Landesteilen. Historisch gewachsen sind in Südtirol nur drei Grundformen: Das Paarl aus dem Vinschgau, das Preatl aus dem Pustertal und das Pidl aus dem Ultental. Der widerstandsfähige Roggen war einst das Getreide des Südtiroler Brots. Nur allmählich wurde der Weizen und somit das Weißbrot eingebürgert. Es gab kein Ereignis im Gemeinschaftsleben der Bauern, bei dem nicht auch Getreide und Brot eine Rolle spielten. Mit dem Südtiroler Qualitätszeichen geschützt sind Schüttelbrot, Vinschger Paarl, Pusterer Preatl, Roggenbrot, Zelten, Früchtebrot, Gebildebrot (wie Zopf, Kranz, Fochatz, Hase, Henne, Ross) und Dauer- bzw. Fastenbrezen.

Polentasoufflé im Steinpilzsud

Das Spannende an diesem Gericht ist die Intensität des Steinpilzsuds, der dem Polentasoufflé die notwendige geschmackliche Kraft hinzufügt.

Für das Polentasoufflé

400 g	Milch
100 g	Polentamehl
70 g	weiche Butter
3	Eigelb
3	Eiweiß
	Parmesan, gerieben
	Salz

Für den Steinpilzsud

200 g	frische Steinpilze
1	Schalotte
1	Knoblauchzehe
1 l	Fleischbrühe
	Petersilienblätter
	Olivenöl

Polentasoufflé

- Milch zum Kochen bringen und mit Salz abschmecken. Polentamehl einrühren und etwa 5 Minuten auf kleiner Flamme kochen lassen. Vom Herd nehmen.
- Weiche Butter und Parmesan zufügen und so lange rühren, bis die Masse schön cremig wird. Nach und nach Eigelb einrühren.
- Eiweiß steif schlagen und unter die Masse heben.
- Souffléförmchen buttern und mit Polentamehl ausstreuen. Masse einfüllen, mit Parmesan bestreuen und im vorgeheizten Backofen bei 170 Grad etwa 20 Minuten backen.

Steinpilzsud

- Steinpilze putzen und grob schneiden. In Olivenöl andünsten.
- Schalotte in Ringe schneiden, Knoblauchzehe in Scheiben. Zusammen mit den Steinpilzen in die Fleischbrühe geben und 20 Minuten ziehen lassen. Anschließend grob gezupfte Petersilienblätter dazugeben.

Anrichten

- Steinpilzsud in einen tiefen Teller geben. Soufflé stürzen und vorsichtig auf dem Steinpilzsud anrichten.

Tipps

Besonders gut eignen sich *Aluförmchen*, da sich das Soufflé daraus leichter stürzen lässt.

Der *Steinpilzsud* sollte nicht richtig kochen, da das Aroma sonst verloren geht.

Weinempfehlung
St. Magdalener »Huck am Bach«
Kellerei Bozen

Gepresstes vom Lamm an Tomatensalat und Brotcrostini

Die leichte Zubereitungsart des Fleisches passt vorzüglich zur kräftigen Säure des Tomatensalats.

Für das Lamm

500 g	Lammfleisch, ausgelöst (z. B. Schulter, Haxe oder Hals)
1	Zwiebel
1	Knoblauchzehe
10	Champignons
2	Tomaten
1 l	Fleischbrühe
	Sonnenblumenöl
	Salz

Für den Tomatensalat

16	Cocktailtomaten
2 EL	Oliven
1 EL	Kapern
	Olivenöl
	Balsamico-Essig
	Salz, Pfeffer

Zum Anrichten

Brotcrostini (s. Tipp)
verschiedene Blattsalate

Lamm

- Fleisch in 2 x 2 cm große Stücke schneiden und in Sonnenblumenöl scharf anbraten. Knoblauchzehe, Zwiebel, Champignons und Tomaten würfeln und dazugeben. Etwas anrösten lassen und mit Salz abschmecken.
- So viel Fleischbrühe angießen, dass das Fleisch gut bedeckt ist und alles auf kleiner Flamme etwa 3 Stunden schmoren lassen. Die Flüssigkeit sollte vollständig eingekocht sein. Fleisch auskühlen lassen und mithilfe von Klarsichtfolie zur Wurst einrollen. Die Enden zubinden und etwa 24 Stunden im Kühlschrank ruhen lassen. Anschließend in Scheiben schneiden.

Tomatensalat

- Von den Cocktailtomaten einen Deckel abschneiden, aushöhlen und zusammen mit Oliven und Kapern in Olivenöl und Balsamico-Essig leicht erwärmen (wirklich nur temperieren!). Mit Salz und Pfeffer abschmecken.

Anrichten

- Die Scheiben vom gepressten Lamm auf Teller legen. Die temperierten Tomaten mit Oliven und Kapern füllen und mit Salatblättern garnieren. Neben dem Fleisch anrichten. Mit Brotcrostini garnieren.

Tipps

Lassen Sie sich das *Fleisch* vom Metzger auslösen.

Für die *Brotcrostini* werden sehr dünne Brotscheiben im Backofen geröstet.

Die *Tomaten* sollten wirklich nur leicht erwärmt werden, da sie sonst ihr Aroma verlieren.

Weinempfehlung
Blauburgunder
Weingut Stroblhof, Rosmarie und Andreas Nicolussi-Leck, Eppan

Lammfleisch In Südtirol hat die Schafhaltung in den vergangenen 20 Jahren eine Renaissance erlebt und Lammfleisch ist wieder salonfähig geworden. Insgesamt gibt es 45.000 Schafe auf 3900 Südtiroler Bauernhöfen, vornehmlich in der westlichen Landeshälfte. Lammfleisch ist sehr zart und hat einen milden, aber dennoch würzigen Geschmack. Es stammt von Tieren, die nicht älter als ein Jahr sein dürfen. Im Gegensatz dazu ist das Fleisch vom Hammel oder Schaf (Tiere ab ein bzw. zwei Jahren) deutlich fester und hat einen sehr intensiven Geschmack. Lammfleisch eignet sich für verschiedene Zubereitungsarten: braten, grillen, kochen oder schmoren.

Wildhaseneintopf mit Gemüse und Schwarzem Trüffel

Ein durch und durch erdiges Gericht, bei dem alle Zutaten durch die schonende Zubereitung ihren Eigengeschmack behalten.

Zutaten

4	Wildhasenrückenfilets à 100 g
4	Schalotten
100 g	Zuckerschoten
10	Champignons
4	Knoblauchzehen
1	Lorbeerblatt
10 g	getrocknete Morcheln
10 g	Schwarze Trüffel
	Olivenöl
	Salz, Pfeffer

Zum Anrichten

	Bratensaft
	Olivenöl

Zubereitung

- Zwiebel, Knoblauchzehen, Champignons und Zuckerschoten putzen und in nicht zu kleine Stücke schneiden. In Olivenöl anschwitzen, bis alles leicht gebräunt ist. Lorbeerblatt und Morcheln zufügen, salzen und etwa 20 Minuten mit geschlossenem Deckel auf kleiner Flamme ziehen lassen. Vom Herd nehmen und den in dünne Scheiben geschnittenen Trüffel dazugeben.
- Rückenfilets leicht salzen und in Olivenöl auf allen Seiten anbraten. Mit Pfeffer würzen. Fleisch auf das Gemüse legen, vom Herd nehmen und etwa 15 Minuten ziehen lassen.

Anrichten

- Gemüse und Fleisch auf Tellern anrichten und mit Bratensaft und Olivenöl beträufeln.

Tipp

Das *Fleisch* ist innen rosa, wenn der Saft beim Braten austritt.

Weinempfehlung

Merlot
Happacherhof, Auer

»Puschtra Melchamuis« mit Brombeeren und Mohn

Das Mus – das Arme-Leute-Gericht schlechthin – ist heute fast in Vergessenheit geraten. Früher kam es vor allem häufig im Winter auf den Tisch, da die Zutaten auch in der kalten Jahreszeit nicht verderben. Traditionell wird es beim Essen von allen gemeinsam aus einer Pfanne gelöffelt.

Für das Melchamuis

350 g	Milch
35 g	Musmehl (grobes Weizenmehl)
40 g	Zucker
20 g	Grieß
1	Vanilleschote
	etwas Zitronenschale, in Zesten
1 Schuss	Rum
	etwas Mohn, gemahlen
	etwas Nussbutter

Für die Brombeeren

100 g	Brombeeren
30 g	Zucker

Zum Anrichten

Minze

Melchamuis

- Vanilleschote aufschlitzen und Mark herauskratzen. Musmehl mit Zucker und Vanillemark vermischen. Milch dazugeben und mit Rum und Zitronenschale abschmecken. Kurz aufkochen.
- In eine kleine Pfanne geben und im vorgeheizten Backofen bei 180 Grad (Umluft) 15–20 Minuten backen. Wenn die Oberfläche leicht gebräunt ist, aus dem Ofen nehmen. Gemahlenen Mohn und etwas Zucker darüberstreuen und mit Nussbutter beträufeln.

Brombeeren

- Brombeeren mit Zucker etwa 2 Minuten aufkochen lassen.

Anrichten

- Brombeeren in ein kleines Glas füllen und mit Minze garnieren. Das Melchamuis in der Pfanne servieren.

Tipp

Statt der *Brombeeren* kann man auch Himbeeren oder Erdbeeren verwenden.

Trinkempfehlung

Eisgekühlte Buttermilch

Hannes Pignater

Warum wir mit heimischen Produkten arbeiten?
Um aus scheinbar Alltäglichem das
Besondere zu schaffen!

Warum wir mit heimischen Produkten arbeiten? Um aus scheinbar Alltäglichem das Besondere zu schaffen!

Berufliche Stationen

1999–2000	Ausbildung Marklhof, Girlan, Südtirol
2000	Restaurant Seeleiten, Kaltern, Südtirol
2001–2003	Restaurant Schlüssel, Mels (CH)
2003	Goldmedaille bei der Berufsweltmeisterschaft in St. Gallen (CH)
Winter 2003/04	Hotel Alpenroyal, Wolkenstein, Südtirol
2004	Silbermedaille bei der Köcheolympiade in Erfurt (D)
2004–2006	Restaurant Sassegg, Seis am Schlern, Südtirol
2006–2008	Ansitz Zum Steinbock, Villanders, Südtirol

Hannes Pignater ist mit seinen 27 Jahren die Nachwuchshoffnung der Südtiroler Restaurantszene. Er kocht unbekümmert und selbstsicher auf und befindet sich, nachdem er in der Ausbildung viel an Wissen aufgesaugt hat, auf kulinarischer Selbstfindung, wobei Kontrolle über Technik einerseits und Entwicklung des kulinarischen Gefühls andererseits schon jetzt beeindruckend und Schatz diverser kulinarischer Stationen im In- und Ausland sind.

Geprägt haben ihn dabei insbesondere die Vorbereitungen auf diverse Kochwettbewerbe, die er allesamt mit Bravour bestand. Bei der Berufsweltmeisterschaft 2003 in St. Gallen holte er sich die Goldmedaille, das Jahr darauf bei der Olympiade der Köche in Erfurt die Silbermedaille. Gold erkochte er sich außerdem bei der European Culinary Challenge in Basel. Seine Stärke bewies er aber nicht nur in Wettbewerben, sondern auch in den Küchen Südtiroler und Schweizer Restaurants mit wohlklingenden Namen. Das Ergebnis aller Erfahrungen: Das, was auf den Tisch kommt, ist eine regionale und dennoch souverän modern interpretierte Küche – frisch und leicht im Geschmack und im Arrangement.

Pignaters momentaner Ausstieg aus der gehobenen Küche (zuletzt überzeugte er Gourmets im historischen Ansitz »Zum Steinbock« im Eisacktaler Dörfchen

Villanders) ist hoffentlich nur ein vorübergehender Abschied. Denn Endstation darf hier wahrlich noch nicht sein: Pignater hat die besten Chancen, einer der Großen in der Südtiroler Kochszene zu werden. Das Talent dazu hat er allemal.

Geräucherte Entenbrust auf Graukäse mit Kartoffel-Zwiebel-Törtchen

Der Graukäse – im Volksmund auch »Stinker« genannt – bildet hier den würzigen Kontrapunkt zur geräucherten Entenbrust.

Für die Entenbrust

2 geräucherte Entenbrüste à 200 g (s. Grundrezept S. 223)
Salz, Pfeffer
Olivenöl

Für den Graukäse und das Kartoffel-Zwiebel-Törtchen

200 g Graukäse
2 Schalotten, fein gehackt
4 Kerbelblätter
2 mittelgroße Kartoffeln
2 EL Sauerrahm
etwas Schnittlauch
1 Zwiebel
Essig
Olivenöl
Butter
Balsamico-Essig
Salz, Pfeffer

Zum Anrichten

alter Balsamico-Essig
Schnittlauch
Kerbelblätter

Geräucherte Entenbrust

- Geräucherte Entenbrüste parieren und die Hautseite gitterförmig einschneiden, mit Salz und Pfeffer würzen und in Olivenöl auf beiden Seiten anbraten.
- Im vorgeheizten Backofen bei 180 Grad 5–6 Minuten fertig garen. Anschließend Fleisch ruhen lassen. Kurz vor dem Servieren auf der Hautseite noch einmal kross anbraten und in dünne Scheiben schneiden.

Graukäse und Kartoffel-Zwiebel-Törtchen

- Graukäse zerkleinern, die fein gehackten Schalotten dazugeben. Mit Salz, Pfeffer, Essig und Olivenöl abschmecken, Kerbelblätter untermischen.
- Kartoffeln in Salzwasser weich kochen, schälen und mit einer Gabel zerdrücken. Sauerrahm unter die Kartoffelmasse rühren und mit Salz, Pfeffer, Olivenöl und Schnittlauch abschmecken.
- Zwiebel in feine Streifen (Julienne) schneiden und in etwas Butter und Olivenöl braun anrösten.

Anrichten

- Kartoffelmasse mithilfe eines Metallrings auf die Teller setzen, Zwiebeln darauflegen. Graukäse daneben platzieren und mit Entenbrustscheiben belegen. Mit etwas Balsamico-Essig und Schnittlauch garnieren.

Tipp

Die *geräucherte Entenbrust* sollte man am besten beim Metzger vorbestellen, da das Räuchern etwas aufwendig ist.

Weinempfehlung
Riesling
Weingut Unterortl, Martin Aurich, Naturns

Graukäse Der Graukäse, hergestellt aus Magermilch, war einst ein Arme-Leute-Essen, denn Magermilch war bei den Bergbauern nach dem Abschöpfen der Sahne im Überfluss vorhanden. Die Sahne wurde zu Butter verarbeitet und verkauft. Aus der sauren Magermilch wurde, ohne Zugabe von Lab, der Schotten – der Käsebruch – gewonnen. Dies geschieht bei einer Temperatur zwischen 45 und 55 Grad. Der Schotten wird in Formen gefüllt und reift mindestens zehn Wochen im Keller. Graukäse hat einen würzigen Geschmack, anfangs säuerlich, später – mit zunehmender Reife – schärfer. Der fettarme Käse enthält zwischen 0 und 2 Prozent Fett in der Trockenmasse. Der bekannteste Südtiroler Graukäse stammt aus dem Ahrntal.

Knusprige Kartoffelrösti mit Blumenkohlpüree, Blattspinat und Sarner Blauschimmelkäse

Ein Gericht für die schnelle Küche. Die besondere Note kommt vom Blauschimmelkäse aus dem Sarntal. Dieser ist milder als seine Kollegen aus Frankreich, Italien oder England.

Zutaten

½	Blumenkohl
2	mittelgroße Kartoffeln
	etwas Milch
1–2 EL	Marscapone
	etwas Zitrone
200 g	Spinat, geputzt
250 g	Sarner Blauschimmelkäse
	Olivenöl
	etwas Butter
	Salz, Pfeffer

Zubereitung

- Kartoffeln schälen und in sehr dünne Streifen schneiden. In eine Pfanne mit Olivenöl geben, andrücken und bei kleiner Hitze auf beiden Seiten braten. Salzen und pfeffern. Herausnehmen und auf Küchenpapier abtropfen lassen. Erneut mit Salz würzen und in gleichmäßige Stücke schneiden.
- Blumenkohl in Salzwasser weich kochen. Mit Mascarpone und etwas Milch im Mixer pürieren. Mit Zitrone abschmecken.
- Spinat in Olivenöl und Butter bei mittlerer Hitze kurz dünsten. Mit Salz und Pfeffer abschmecken.

Anrichten

- Blumenkohlpüree auf einen Teller geben, abwechselnd mit Spinat, einem Stück Rösti und Blauschimmelkäse belegen. Zum Abschluss Blauschimmelkäse darüberhobeln.

Weinempfehlung
Gewürztraminer
Taschlerhof, Peter Wachtler, Brixen

Blumenkohl Blumenkohl wird in Südtirol sehr häufig angebaut, enthält er doch viel Vitamin C und Mineralstoffe. Hauptanbaugebiete des weißen schmackhaften Gemüses sind das Puster- und Eisacktal sowie der obere Vinschgau. Allein im Vinschgau werden zwischen Juni und Oktober etwa 5000 Tonnen jährlich geerntet.

Eisacktaler Weinsuppe mit Pfifferlingsravioli

Zum klassischen Eisacktaler Suppengericht werden hier Pfifferlinge hinzugefügt. Das Ergebnis ist ein harmonisches Miteinander an sich unterschiedlicher Konsistenzen.

Für die Pfifferlingsravioli

200 g	Weizenmehl
1	Eiweiß
2	Eigelb
	Olivenöl
200 g	Pfifferlinge
1	Schalotte, fein gehackt
	etwas Petersilie, fein gehackt
	Butter
	Salz, Pfeffer

Für die Suppe

300 g	Fleischbrühe
200 g	Eisacktaler Weißburgunder oder Sylvaner
2	Eigelb
150 g	Sahne
	Muskatnuss
	Zitrone
	Salz, Pfeffer

Zum Anrichten

Schnittlauch, fein geschnitten

Pfifferlingsravioli

- Weizenmehl, Eiweiß, Eigelb und Olivenöl zu einem Teig verkneten. In Klarsichtfolie eingewickelt mindestens 30 Minuten ruhen lassen.
- Pfifferlinge putzen und mit Schalottenwürfeln in Olivenöl andünsten. Mit Salz, Pfeffer, gehackter Petersilie und etwas Butter abschmecken. Die Hälfte sehr fein hacken und auskühlen lassen. Die andere Hälfte beiseite stellen.
- Nudelteig dünn ausrollen, in etwa 6 x 6 cm große Quadrate schneiden und Ränder mit etwas Wasser oder Eiweiß bestreichen. Etwas von den Pfifferlingen auf die Nudelblätter setzen und zu Ravioli formen. Anschließend 3–4 Minuten in Salzwasser kochen.

Suppe

- Fleischbrühe mit Wein aufkochen und vom Herd nehmen. Eigelb und Sahne verquirlen, mit Salz, Pfeffer und Muskatnuss würzen und in die Fleischbrühe einrühren. Mit Zitronensaft abschmecken. Kurz vor dem Servieren auf dem Wasserbad erwärmen.

Anrichten

- Pfifferlinge in einem tiefen Teller als Sockel anrichten, Ravioli daraufsetzen und die Weinsuppe angießen. Mit Schnittlauch garnieren.

Tipp

Die *Suppe* darf auf keinen Fall kochen, wenn man die Ei-Sahne-Mischung einrührt, da sie sonst gerinnt.

Weinempfehlung

Sylvaner

Eisacktaler Kellerei, Klausen

Rosa gebratener Frischlingsrücken auf mediterranem Gemüse

Alpin-mediterrane Symbiose: Der junge Schweinerücken misst sich an der Kraft des mediterranen Gemüses. Auch farblich wird das Gericht zum Feuerwerk auf dem Teller.

Für das mediterrane Gemüse

2	rote Peperoni
2	gelbe Peperoni
2	Rosmarinzweige
1	Thymianzweig
2	Knoblauchzehen
4	Schalotten
2	Artischocken
1	Zucchino
2 EL	schwarze Oliven
20	Datteltomaten, getrocknet (aus dem Feinkostladen)
	etwas Basilikum, fein geschnitten
	etwas Origano, fein geschnitten
	etwas Petersilie, fein gehackt
	Olivenöl
	Salz, Pfeffer

Für den Frischlingsrücken

800 g	Frischlingsrücken, pariert
	Olivenöl
	Salz, Pfeffer

Zum Anrichten

	Rosmarin
4	Kartoffelringe (s. Tipp)

Mediterranes Gemüse

- Rote und gelbe Peperoni halbieren, Kerne und weiße Häute entfernen. Zusammen mit 1 Rosmarinzweig, Thymian, 1 angedrückten Knoblauchzehe und den ganzen (ungeschälten) Schalotten auf ein Backblech geben, gut mit Olivenöl beträufeln und mit Salz und Pfeffer würzen.
- Im vorgeheizten Backofen bei 180 Grad etwa 30 Minuten garen. Peperoni abkühlen lassen und vorsichtig häuten, in Rauten schneiden. Schalotten schälen und längs halbieren.
- Artischocken putzen, in Rauten schneiden und sofort mit Zitronensaft beträufeln, damit sie nicht braun werden. Zucchino ebenfalls in Rauten schneiden.
- Artischocken mit 1 Rosmarinzweig und 1 angedrückten Knoblauchzehe in Olivenöl leicht anbraten, Zucchino dazugeben und ebenfalls kurz dünsten. Peperoni, Schalotten, Datteltomaten, Oliven, Basilikum, Origano und Petersilie dazugeben und alles gut durchschwenken.

Frischlingsrücken

- Frischlingsrücken mit Salz und Pfeffer würzen und in etwas Olivenöl anbraten. Im vorgeheizten Backofen bei 180 Grad 6–7 Minuten garen. Herausnehmen und abgedeckt etwa 10 Minuten auf einem Rost ruhen lassen.
- Kurz vor dem Servieren noch einmal im Backofen etwa 2 Minuten braten und in Scheiben schneiden.

Anrichten

- Gemüse auf Tellern anrichten, Fleischscheiben daraufsetzen und mit Bratensaft und Olivenöl beträufeln. Mit Rosmarin und Kartoffelring garnieren.

Tipp

Für die *Kartoffelringe* schneidet man aus der Mitte einer großen Kartoffel 4 lange, dünne, etwa 1 cm breite Streifen. Zu Ringen formen und in Öl goldgelb ausbacken.

Weinempfehlung

St. Magdalener
Ansitz Waldgries, Christian Plattner, Bozen

Variation hausgemachter Sorbets

Das Sorbet ist eigentlich kein Dessert, sondern meistens eine Geschmackszäsur in einem mehrgängigen Menü. Das Wort kommt vom arabischen Wort scharbat (Trank). In Europa hat sich daraus das Wort Scherbet und schließlich Sorbet gebildet. Quitten und Holunder sorgen bei diesen Sorbets für typische Südtiroler Aromen.

Für das Quittensorbet

4	Quitten
	Wasser
	Zitronensaft
1 EL	Glucosesirup

Für das Hollersorbet

100 g	Hollersirup (s. Grundrezept S. 224)
200 g	Wasser
1	Zitronen (Saft)
1 EL	Glucosesirup

Für das Kakaosorbet

500 g	Wasser
150 g	Sahne
250 g	Staubzucker
100 g	ungesüßtes Kakaopulver

Zum Anrichten

Erdbeeren, geviertelt
Himbeeren
Birnen, in dünne Scheiben geschnitten
Minze
Pistazien, gehackt

Quittensorbet

- Quitten schälen und in etwas Wasser weich kochen, pürieren und mit Zitronensaft abschmecken. Glucosesirup dazugeben, gut verrühren und alles in der Eismaschine gefrieren lassen.

Hollersorbet

- Alle Zutaten vermischen und in der Eismaschine gefrieren lassen.

Kakaosorbet

- Alle Zutaten gut verrühren und in der Eismaschine gefrieren lassen.

Anrichten

- Jeweils eine Kugel von jedem Sorbet auf einem Teller anrichten. Mit Erdbeeren, Himbeeren, Birnen, Minze und Pistazien garnieren.

Tipp

Man kann das *Sorbet* auch in einer breiten Schüssel im Tiefkühlfach herstellen. Wenn die Oberfläche leicht gefroren ist, kräftig umrühren und weiter gefrieren lassen. Vorgang so lange wiederholen, bis das Sorbet die gewünschte Konsistenz hat. Je öfter man umrührt, desto geschmeidiger wird das Sorbet. Allerdings verlängert sich dann auch die Gefrierzeit.

Trinkempfehlung
Brut Praeclarus
Kellerei St. Pauls, Eppan

Günther Plankensteiner

Wasser ist das Grundelement meiner Küche

Wasser ist das Grundelement meiner Küche.

Berufliche Stationen

1987–1990	Ausbildung Landesberufsschule für das Gastgewerbe Brixen und Spanglerhof, Sand in Taufers, Südtirol
1990–1995	Diverse Sommersaisonen im Hotel Elephant, Brixen, und Wintersaisonen in der Schweizer Hotellerie
1994–1995	Höhere Fachschule für Gastronomie, Meran, Südtirol
1996–1997	Sommersaisonen im Sporthotel Nörder, Marling, Südtirol
1997–1998	Wintersaison im Gourmetrestaurant La Bellezza, Ftan (CH)
seit 1998	Restaurant & Winebar Leuchtturm, Sand in Taufers, Südtirol

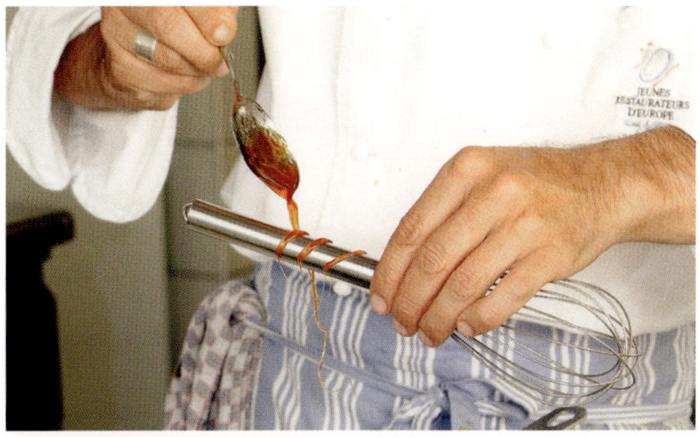

■ Was Günther Plankensteiner präsentiert, was er an handwerklichem Können und Innovation, an Rück- und Ausblick, an Moderne und Tradition in seine Gerichte einbringt, ist bemerkenswert. Er liebt die kleine Überraschung, führt manchmal Ungewöhnliches zusammen und beweist dabei ein meisterliches Händchen für die richtige Balance. Insbesondere liebt er das Spiel mit Dissonanzen, mit Süßem und Saurem, das sich in seinen Gerichten in Harmonie aufzulösen vermag. Das Süße federt das Saure ab, das Saure wird zum aromatischen Kontrapunkt – man weiß eigentlich nicht wie, aber doch löst sich das an sich Gegensätzliche letztendlich am Gaumen stets in Wohlgefallen auf.

Es ist dieses Vermögen, die Grenzen des Geschmacks auszuloten, durch das Günther Plankensteiner mit Recht das Lob zuerkannt werden muss, zu den Talentiertesten seiner Zunft in Südtirol zu gehören – Talent, das er übrigens auch bereits bei zahlreichen Stationen im In- und Ausland unter Beweis gestellt hat. Das Suchen nach Neuem, sozusagen nach neuen geschmacklichen Ufern, hat ihn in seinen Lehrjahren ohne Zweifel wachsen lassen. Heute präsentiert Plankensteiner eine Küche moderner Ausprägung, die – durch geschickte geschmackliche Akzentuierungen – einen höchst unterhaltsamen Gaumenschmaus bietet. Dabei gelingt es ihm spielerisch, die

Strenge der Regionalität und mediterrane Spielformen ausgeklügelt miteinander zu verbinden.
Die Bühne seines Schaffens ist das Restaurant »Leuchtturm« in Sand in Taufers, sozusagen ein kulinarischer Wachturm inmitten eines Tals in den Dolomiten. Hier übernahm er 1998 den elterlichen Betrieb und führte ihn an die kulinarische Spitze, und zwar mit ausgewogenen Speisenarrangements, die Weide und Tal, Meer und Berg, Süd und Nord gekonnt kombinieren. Seine Inspirationen bezieht der Ausdauersportler vielfach aus der Natur, die ihm Kraft und Ideen für neue Genusserlebnisse liefert.
Und so kann Plankensteiner kulinarisch durchaus als einer bezeichnet werden, der das Regionale ausreizt, auch ungewöhnlich einsetzt und bis an die Grenzen des Kombinierbaren geht. Eben durch und durch ein Südtiroler Koch moderner Prägung mit gesundem Menschenverstand und klaren Vorstellungen in Bezug auf seine Küche.

Gepresste Kalbsstelze mit Ingwer-Tomaten-Marinade und Kräutersalat

Südtirol trifft Mittelmeer und Orient. Dieses Gericht beweist, dass auch gegensätzliche Aromen – Kalbfleisch, Tomaten und Ingwer – eine kongeniale und harmonische Verbindung eingehen können.

Für die Kalbsstelze und den Kräutersalat

- 320 g Kalbsstelze, gepresst (beim Metzger vorbestellen)
- 50 g Petersilienblättchen
- 20 g Majoranblättchen
- 200 g verschiedene Blattsalate

Für die Marinade

- 100 g Tomatensaft
- ½ Schalotte, fein gehackt
- ½ Knoblauchzehe, fein gehackt
- 1 TL Senf
- 20 g Ingwer, fein gerieben
- 1 TL Honig
- 30 g Rotweinessig
- 100 g Distelöl
- 50 g Olivenöl
- Salz, Pfeffer

Ofentomaten

- 2 Tomaten
- Kräuter (z. B. Thymian, Rosmarin)

Zum Anrichten

- 4 Zucchiniblüten
- alter Balsamico-Essig
- Olivenöl

Marinade

- Tomatensaft mit Schalotte, Knoblauch, Ingwer und Senf vermischen. Distel- und Olivenöl langsam einrühren, sodass eine homogene Verbindung entsteht.
- Essig und Honig unterrühren und mit Salz und Pfeffer abschmecken.

Ofentomaten

- Tomaten schälen, vierteln und entkernen. Zusammen mit den Kräutern auf ein Backblech geben und für 1 Stunde bei 160 Grad im vorgeheizten Backofen garen.

Kalbsstelze und Kräutersalat

- Gepresste Kalbsstelze in dünne Scheiben schneiden.
- Petersilie, Majoran und Blattsalate in einer Schüssel mit der Ingwer-Tomaten-Marinade anmachen.

Anrichten

- Gepresste Kalbsstelzenscheiben mit Olivenöl bestreichen, auf Tellern anrichten und mit Ingwer-Tomaten-Marinade beträufeln. Kräutersalat, Zucchiniblüten und Ofentomaten daraufgeben. Mit Olivenöl und altem Balsamico-Essig garnieren.

Tipp

Die *Ingwer-Tomaten-Marinade* eignet sich vorzüglich als Dressing für Salate, vor allem für Tomatensalat.

Weinempfehlung

Blauburgunder »Matan«
Ansitz Pfitscher, Montan

Topfennocken mit geschmolzener Pistazienbutter auf Rahmspinat und Peperonicoulis

Ein vegetarisches Gericht, das nicht nur leichten Genuss verspricht, sondern auch einfach zuzubereiten ist.

Für die Topfennocken

2	Eigelb
2	Eier
240 g	Topfen (unter 10 % Fett i. Tr.)
100 g	Weizen- oder Dinkelmehl
	Muskatnuss
	Salz, Pfeffer

Für die Peperonicoulis

200 g	rote Peperoni
½	Knoblauchzehe, fein gehackt
20 g	Schalotten, fein gehackt
100 g	Geflügelfond (s. Grundrezept S. 223)
	Olivenöl
	Salz, Pfeffer

Für den Rahmspinat

400 g	Blattspinat
30 g	Sahne
20 g	Schalotten, fein gehackt
50 g	Geflügelfond (s. Grundrezept S. 223)
	Olivenöl
	Muskatnuss
	Salz, Pfeffer

Zum Anrichten

50 g	Parmesan, gerieben
40 g	Pistazien, gehackt
80 g	Butter
4	Kapuzinerkresseblüten

Topfennocken

- Eigelb, Eier und Topfen gut verrühren und mit Salz, Pfeffer und Muskatnuss abschmecken. Mehl unterrühren und Masse etwas ruhen lassen.
- 12 gleichmäßige Nocken abstechen. In Salzwasser so lange köcheln lassen, bis die Nocken an die Oberfläche kommen. Auf kleiner Flamme noch etwa 10 Minuten ziehen lassen (nicht mehr kochen!).

Peperonicoulis

- Rote Peperoni vierteln und vom Stielansatz und Kerngehäuse befreien. Zusammen mit Schalotten und Knoblauch in einen Topf geben. Etwas Olivenöl zufügen und mit Salz und Pfeffer würzen.
- Im vorgeheizten Backofen bei 160 Grad etwa 30 Minuten schmoren lassen. Mit Geflügelfond ablöschen und weitere 10 Minuten garen.
- Peperoni in einen Mixer geben und pürieren. Durch ein Sieb passieren und warm stellen.

Rahmspinat

- Spinat waschen und abtrocknen. Schalotten in Olivenöl farblos anschwitzen, Spinat dazugeben und andünsten. Mit Sahne und Geflügelfond aufgießen und so lange garen, bis der Spinat weich ist. Mit Salz, Pfeffer und Muskatnuss abschmecken.
- Im Mixer fein pürieren und warm stellen.

Anrichten

- Butter zusammen mit gehackten Pistazien schmelzen und leicht bräunen lassen. Rahmspinat in der Mitte eines tiefen Tellers anrichten. Nocken darauflegen, mit Parmesan bestreuen und mit Pistazienbutter beträufeln. Mit Peperonicoulis und Kapuzinerkresseblüte garnieren.

Tipp
Die *Nocken* eignen sich auch hervorragend als Suppeneinlage.

Weinempfehlung
Sauvignon »Graf von Meran«
Meraner Kellerei

Kross gebratener Zander auf Steinpilz-Pfirsich-Timbale

Der edle, fast grätenlose kross gebratene Süßwasserfisch wird hier mit einem dezenten, süßen Begleiter serviert.

Für die Steinpilz-Pfirsich-Timbale

200 g	Steinpilze, geputzt
150 g	weiße Nusspfirsiche, entsteint
50 g	Petersilie, gezupft
20 g	Thymianblättchen
80 g	fruchtiges Olivenöl extra vergine
1 Schuss	Zitronensaft
	Salz, Pfeffer

Für den Zander

4	Zanderfilets à 150 g
	Olivenöl
	Salz, weißer Pfeffer

Für das Basilikumöl

80 g	Basilikumblätter
40 g	Olivenöl
1 Prise	Zucker
	Salz
	Pfeffer

Zum Anrichten

Basilikum

Steinpilz-Pfirsich-Timbale

- Steinpilze und Pfirsiche in 2 cm große Würfel schneiden und zusammen mit Petersilie und Thymian in eine Schüssel geben. Mit Olivenöl, Salz, weißem Pfeffer und Zitronensaft abschmecken.
- In Timbaleförmchen füllen und gut mit Alufolie abdecken. Im vorgeheizten Backofen bei 170 Grad (Umluft) etwa 15 Minuten garen.

Zander

- Zanderfilets mit Salz und Pfeffer würzen. In Olivenöl auf der Hautseite scharf anbraten, bis die Haut schön kross und knusprig ist. Bei kleiner Hitze fertig garen. (Der Zander soll auf der Oberseite leicht glasig sein.)

Basilikumöl

- Alle Zutaten im Mixer pürieren.

Anrichten

- Steinpilz-Pfirsich-Timbale in einen tiefen Teller stürzen, Zander darauf anrichten und mit etwas Saft und Olivenöl beträufeln. Mit Basilikum und Basilikumöl garnieren.

Tipp

Den *Fisch* während des Bratens immer wieder mit dem Olivenöl aus der Pfanne überziehen. Kurz vor Ende des Bratvorgangs kann man schon etwas Basilikum in die Pfanne geben, um den Fisch zu aromatisieren.

Weinempfehlung
Riesling
Kellerei H. Lun, Neumarkt

Zander Er ist zweifellos einer der schönsten und elegantesten Raubfische, kommt aber in Südtirols Gewässern nur vereinzelt vor (im Kalterer See oder im Fennberger See). Meisterköche schätzen den Raubfisch mit hechtähnlichem Körper, Gourmets lieben das zarte, saftige Fleisch des schneeweißen, mit dem Barsch verwandten Süßwasserfisches.

Rosa gebratenes Hirschnüsschen auf glasiertem Wurzelgemüse, Karottenpüree und süßsauren Schalotten

Wild und Gemüse aus der Region finden hier geschmacklich bestens zusammen.

Für das Hirschnüsschen

- 650 g Hirschnuss, pariert
- 3 Wacholderbeeren
- 1 Thymianzweig
- 1 Rosmarinzweig
- 1 Lorbeerblatt
- Olivenöl
- Salz, Pfeffer

Für das Karottenpüree

- 4 Karotten
- 100 g Gemüsefond (s. Grundrezept S. 222)
- 100 g Sahne
- etwas Butter
- Salz, Pfeffer

Für das Wurzelgemüse

- 2 Steckrüben
- 2 violette Kartoffeln
- ½ Sellerieknolle
- 1 Karotte
- 50 g Gemüsefond (s. Grundrezept S. 222)
- Olivenöl
- etwas Butter
- Salz, Pfeffer

Für die süßsauren Schalotten

- 100 g Schalotten, fein gehackt
- 50 g Zucker
- 50 g Apfelessig
- 50 g Gemüsefond (s. Grundrezept S. 222)
- 1 Thymianzweig, fein gehackt
- Salz, Pfeffer

Zum Anrichten

- etwas Wildfond (s. Grundrezept S. 224)
- Olivenöl
- Butter
- Rosmarin
- Fleur de Sel
- Waldmeister

Hirschnüsschen

- Hirschnuss in vier gleich große Stücke schneiden, mit Salz und Pfeffer würzen.
- In einer Pfanne mit Olivenöl, Wacholderbeeren, Thymian, Rosmarin und Lorbeerblatt auf beiden Seiten scharf anbraten (jeweils etwa 2 Minuten). Herausnehmen, auf einen Gitterrost legen und im vorgeheizten Backofen bei 160 Grad etwa 10 Minuten garen. (Das Fleisch soll innen schön rosa sein.)

Karottenpüree

- Karotten waschen und in kleine Stücke schneiden. In Butter anschwitzen, mit Gemüsefond und Sahne aufgießen und weich kochen. Salzen und pfeffern.
- Im Mixer fein pürieren, warm stellen.

Wurzelgemüse

- Wurzelgemüse putzen und in beliebige Formen schneiden. In einer Kasserolle in Olivenöl etwa 10 Minuten vorsichtig anschwitzen. Mit etwas Gemüsefond aufgießen und bissfest garen. Mit Butter, Salz und Pfeffer abschmecken.

Süßsaure Schalotten

- Zucker in einem Topf leicht karamellisieren lassen, Schalotten dazugeben und mit Apfelessig ablöschen. Wenn der Essig etwas verdampft ist, mit Gemüsefond aufgießen und weich schmoren. Mit Salz, Pfeffer und Thymian abschmecken.

Anrichten

- Wildfond aufkochen und mit etwas Olivenöl und Butter binden. Wurzelgemüse auf Tellern anrichten und mit etwas Karottenpüree und Waldmeister garnieren. Hirschnuss anlegen, süßsaure Schalotten über das Fleisch geben und mit Fleur de Sel bestreuen. Mit Sauce und Rosmarin garnieren.

Tipp

Die *süßsauren Schalotten* schmecken kalt auch sehr gut zu Käse.

Weinempfehlung

Lagrein Riserva »Baron Salvadori«
Kellerei Nals Margreid, Nals

Gebackener Grießknödel auf Gewürzbirne und Rotwein-Sultaninen-Eis

Ein Trio, das sich ergänzt und mit dem frittierten Grießknödel, der geschmorten Birne und dem kühlenden Rotwein-Sultaninen-Eis voll auf Regionalität setzt.

Für den Grießknödel

- 250 g Milch
- 60 g Butter
- 40 g Zucker
- 125 g Grieß
- 2 Eier
- etwas Mehl
- süße Brotbrösel
- Öl zum Frittieren

Für die Gewürzbirne

- 2 Birnen
- 100 g Weißwein
- 100 g Zucker
- 100 g Butter
- 50 g Orangensaft
- ½ Zitrone (Saft)
- ½ Vanilleschote
- ½ Zimtstange
- 2 Nelken

Für das Rotwein-Sultaninen-Eis

- 400 g Milch
- 100 g Sahne
- 3 Eier
- 280 g Zucker
- 150 g Rotwein
- 80 g Sultaninen

Für den Vanilleschaum

- 230 g Sahne
- 50 g Milch
- ½ Vanilleschote
- 2 Eigelb
- 2 EL brauner Zucker

Zum Anrichten

- Waldmeister
- Staubzucker
- Zuckerspirale (vom Konditor)

Grießknödel

- Milch, Butter und Zucker zum Kochen bringen. Grieß einrühren. Bei kleiner Hitze so lange rühren, bis sich die Masse mit einem leichten Film vom Topfboden löst. Etwas abkühlen lassen und 1 Ei unterrühren.
- Masse ganz abkühlen lassen und daraus kleine Knödel formen. In Mehl, Ei und süßen Brotbröseln wenden und im 170 Grad heißen Öl etwa 6 Minuten frittieren.

Gewürzbirne

- Birnen schälen, halbieren und entkernen. Zusammen mit den restlichen Zutaten in einen Topf geben und im vorgeheizten Backofen bei 160 Grad bissfest schmoren lassen. Dabei die Birnen ab und zu mit Saft begießen.

Rotwein-Sultaninen-Eis

- 140 g Zucker karamellisieren lassen und mit Rotwein ablöschen. Flüssigkeit auf ⅓ einkochen lassen.
- Milch und Sahne zum Kochen bringen. Eier und restlichen Zucker in einer Schüssel verquirlen. Die kochende Milch-Sahne-Mischung dazugeben und gut verrühren. Sultaninen und reduzierten Rotwein zufügen und auf dem Wasserbad zur Rose abziehen.
- Wenn die Masse abgekühlt ist, in die Eismaschine füllen und gefrieren lassen.

Vanilleschaum

- Sahne und Milch mit der Vanilleschote zum Kochen bringen. Eigelb und Zucker gut verrühren, in die Sahne-Milch-Mischung einrühren und auf dem Wasserbad zur Rose abziehen. Abseihen und abkühlen lassen. Vor dem Anrichten mit dem Stabmixer kurz aufschäumen.

Anrichten

- Gewürzbirne auf Teller setzen, frittierten Grießknödel mit Staubzucker bestreuen und auf der Birne anrichten. Mit einer Nocke Rotwein-Sultaninen-Eis, Vanilleschaum, Waldmeister und Zuckerspirale garnieren.

Weinempfehlung
»Pasithea Oro«
Kellerei Girlan

Südtiroler Milchprodukte 6000 Südtiroler Milchbauern produzieren jährlich 375 Millionen Liter Milch. Diese wird veredelt und kommt nicht nur als Frischmilch, sondern auch in Form von Käse, Mozzarella, Joghurt, Butter, Sahne und Topfen in den Handel. Südtiroler Milchprodukte werden besonders naturnah verarbeitet und sind absolut frei von Gentechnik. Die Milch ist wohl das am engsten mit dem Land Südtirol verbundene landwirtschaftliche Produkt.

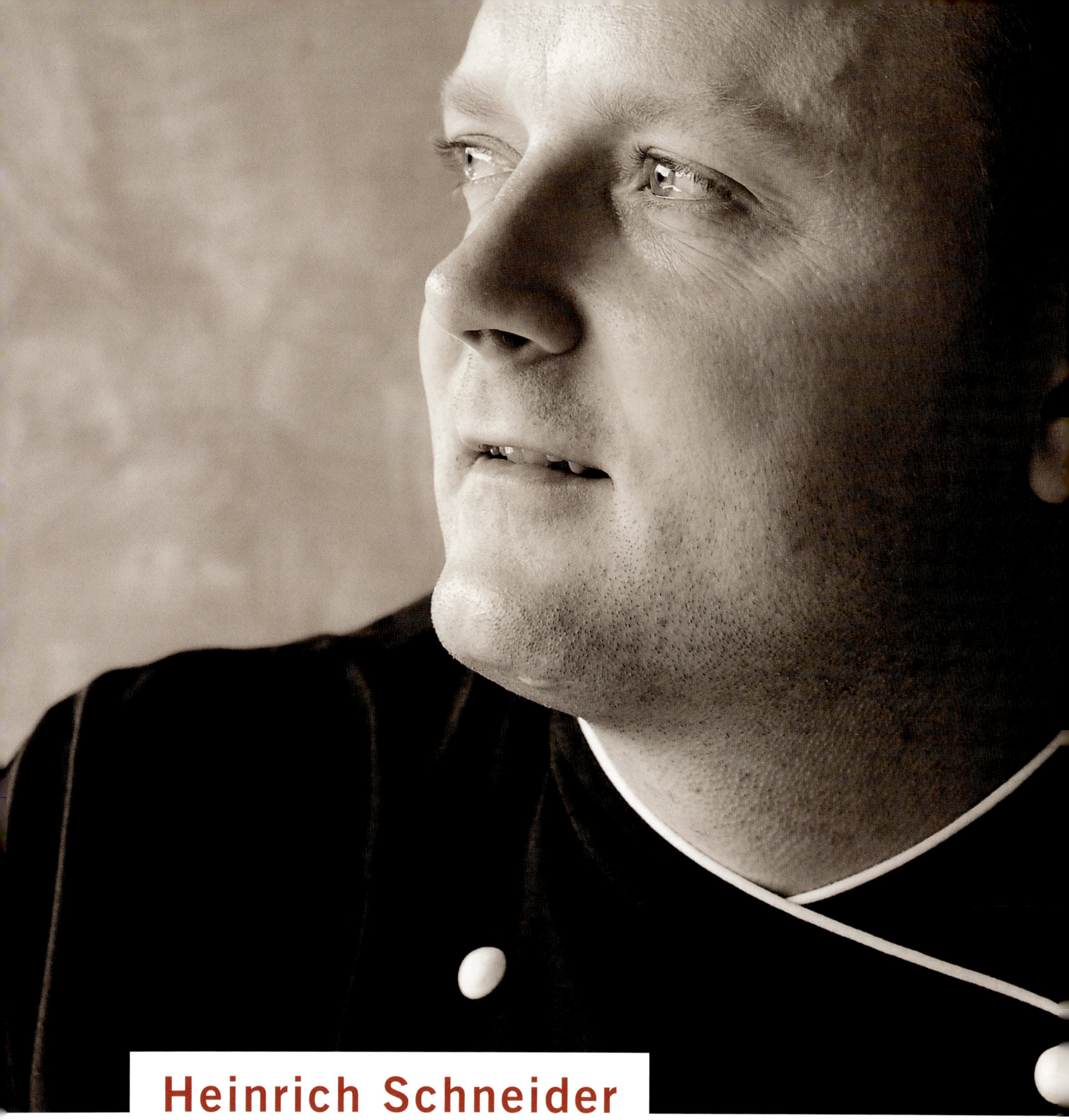

Heinrich Schneider

Nichts ist faszinierender als der Geschmack der Natur

Nichts ist faszinierender als der Geschmack der Natur

Berufliche Stationen

1989–1990	Romantikhotel La Perla, Corvara, Südtirol
1991	Hotel Völlanerhof, Völlan, Südtirol
1992–1997	Auener Hof, Sarntal, Südtirol
1997	Auberge du Cheval blanc, Fernand Mischler, Lembach/ Elsass (F)
seit 1998	Auener Hof, Sarntal, Südtirol

■ Wer auf 1600 Metern Höhe – erreichbar nur über steil ansteigende Serpentinen – eine Gourmetadresse etablieren will, muss eine gehörige Portion Selbstsicherheit mitbringen. Als die Geschwister Schneider – Heinrich in der Küche und Gisela im Service – den elterlichen Betrieb in der Sarntaler Bergfraktion Auen übernahmen, mussten sie sich entscheiden, ob sie ein braves Gasthaus oder doch etwas Besonderes wollten. Für beide war der Weg hin zu einem Feinschmeckerrestaurant schnell klar. Irgendwie auch selbstverständlich, brachten beide doch Auslandserfahrungen in der gehobenen Gastronomie mit.

Das war im Jahr 1998 und die ersten Jahre waren, wie so oft, hart. Die Leute kamen ins Restaurant und riefen nach Knödeln, Gulasch und Hirtenmakkaroni. Die Schneiders erklärten ihr Konzept. Einige Gäste gingen, andere blieben – und kamen wieder.

Doch wie begann alles? Spaß am Kochen hatte Heinrich Schneider schon, als er der Mutter über die Schultern in die Töpfe schaute, seinen ersten Teig knetete, Kartoffeln schnipselte, Gemüse putzte. Die Welt der Pfannen und Töpfe wurde ihm sozusagen in die Wiege gelegt. Doch sein kulinarischer Sinn ging schon bald weit über das Bodenständige hinaus und so wollte er schon früh seinen Blick für die Gourmetküche schärfen. Es zog ihn zu verschiedenen Küchenmeistern ins Ausland, insbesondere ins Elsass,

der kulinarischen Region schlechthin in Europa. Hier erkannte er, dass hohe Kochkunst nicht nur Kreativität bedeutet, sondern eng mit Genauigkeit, Fleiß und Hartnäckigkeit verbunden ist. Im Elsass erfuhr er auch, wie wichtig das kulinarische Selbstbewusstsein einer Region ist. Was für ihn heißt: Südtirol und das Habitat rund um den »Auener Hof« im hintersten Sarntal müssen so oft und so naturnah wie möglich auf den Teller. Schneider entwickelt eine Vorliebe für Naturprodukte und lernt die vielen Wildkräuter kennen, die seiner Küche eine unverwechselbare Note geben und ihn in Südtirol einzigartig machen.

Seine Gerichte sind leicht und bekömmlich, aber auch facettenreich und nachhaltig. Die Leidenschaft von einst ist immer noch sein Antrieb, um den einzig wahren Geschmack einzufangen: den aus der Natur. Möglichst den aus dem Sarntal.

Junges Wildgemüse und Artischocken mit aufgeschlagenem Balsamico-Essig und Sarner Seitenspeck

Die Wildkräuter bereichern das Gericht mit ihrem intensiven Geschmack. Die Artischocken schmecken nicht nur gut, sondern sind auch ausgesprochen gesund. Der Sarner Seitenspeck ist rassiger Kontrapunkt zu Gemüse und Kräutern, der Balsamico-Essig gleicht das leicht Bittere der Kräuter aus.

Für das Wildgemüse und die Artischocken

20 g Wildgemüse (Sauerklee, Fette Henne, Brunnenkresse, Knoblauchrauke, Sauerampfer, Frauenmantel, Spitzwegerich)
4 Artischocken
Olivenöl

Für die Wildkräutersauce

100 g Wildkräuter (Bärlauch, Pimpinelle, Knoblauchrauke, Gundelrebe)
30 g Parmesan, gerieben
300 g Olivenöl
20 g Pinienkerne
weißer Balsamico-Essig
Salz, Pfeffer

Für den aufgeschlagenen Balsamico-Essig

50 g weißer Balsamico-Essig
3 Eigelb
200 g Butter, geklärt (s. Tipp)
Salz, weißer Pfeffer
evtl. etwas Wasser

Zum Anrichten

12 Scheiben Sarner Seitenspeck

Wildgemüse und Artischocken

- Wildgemüse gut waschen und abtropfen lassen.
- Von den Artischocken die äußeren Blätter entfernen und die Spitzen abschneiden. Den Stiel abbrechen und das »Heu« mit einem Löffel entfernen. Artischocken halbieren und sofort in Zitronenwasser legen, damit sie nicht braun werden. In Salzwasser etwa 4 Minuten bissfest kochen, auskühlen lassen. Kurz vor dem Anrichten in Olivenöl anbraten.

Wildkräutersauce

- Wildkräuter grob schneiden und mit Olivenöl, Parmesan und Pinienkernen im Mixer pürieren. Mit Salz, Pfeffer und Balsamico-Essig abschmecken.

Aufgeschlagener Balsamico-Essig

- Eigelb mit Balsamico-Essig vorsichtig auf dem Wasserbad aufschlagen, die geklärte Butter unter ständigem Rühren langsam einlaufen lassen. So lange rühren, bis eine flüssige Creme entstanden ist.
- Mit Salz und weißem Pfeffer abschmecken, eventuell mit etwas heißem Wasser verdünnen.

Anrichten

- Artischocken auf Teller verteilen. Mit etwas Wildgemüse belegen und mit dem aufgeschlagenen Balsamico-Essig und der Wildkräutersauce beträufeln. Zum Schluss mit Sarner Seitenspeck garnieren.

Tipp

Für die *geklärte Butter* erhitzt man die Butter ganz langsam. Sie soll nicht braun, aber goldgelb werden. Anschließend durch ein mit Küchenpapier ausgelegtes Sieb geben, um den Schaum abzuschöpfen.

Weinempfehlung

Sauvignon »Winkl«
Kellerei Terlan

Wildkräutersuppe mit Pfifferlingen und Jakobsmuscheln

Ein leichtes, bekömmliches Süppchen mit Kräutern, die in Südtirols Natur zu finden sind. Veredelt wird es mit einer nach dem hl. Jakobus benannten Muschel, die durch ihr festes, nussartiges Fleisch überzeugt.

Für die Jakobsmuscheln

4	Jakobsmuscheln, geputzt und ohne Corail
	Olivenöl
	Salz, Pfeffer

Für die Wildkräutersuppe

250 g	Pfifferlinge
500 g	Fleischbrühe
500 g	Sahne
100 g	Guter Heinrich (wilder Spinat), Pimpinelle, Knoblauchrauke, Sauerampfer, Bärlauch
50 g	kalte Butter

Zum Anrichten

Kräuter (z. B. Sauerklee, Kerbel)

Jakobsmuscheln

- Jakobsmuscheln salzen und pfeffern. In Olivenöl auf beiden Seiten in einer beschichteten Pfanne anbraten.

Wildkräutersuppe

- Pfifferlinge putzen und in etwas Olivenöl andünsten, mit Salz und Pfeffer würzen.
- Wildkräuter waschen, trocken tupfen und klein schneiden. Fleischbrühe mit Sahne aufkochen, Kräuter dazugeben, kurz köcheln lassen und im Mixer pürieren. Mit Salz und Pfeffer abschmecken. Kalte Butter dazugeben und mithilfe eines Stabmixers aufschäumen.

Anrichten

- Pfifferlinge mithilfe eines Metallrings in die Mitte eines tiefen Tellers geben, Jakobsmuschel daraufsetzen und Wildkräutersuppe vorsichtig angießen. Mit Kräutern garnieren.

Tipp

Für die *Wildkräutersuppe* kann man auch nur Bärlauch, Blattspinat und junge Brennnesseln verwenden.

Weinempfehlung
Sylvaner
Taschlerhof, Peter Wachtler, Brixen

Wildgemüse und -kräuter Wildgemüse und -kräuter sind essbare Wildpflanzen, die auf Wiesen und Äckern, in Wäldern und Wassergräben wachsen und roh oder gekocht verzehrt werden können. Sie besitzen oft ein intensives Aroma und sind meistens reich an wertvollen Vitaminen und Mineralstoffen. Beliebte Südtiroler Wildpflanzen sind Löwenzahn, Brennnessel, Sauerampfer, Sauerklee, Guter Heinrich, Pimpinellen und Bärlauch. Neben den Wildpflanzen werden in Südtirol traditionell auch viele Kräuter und Gewürzpflanzen kultiviert, so etwa Melisse, Pfefferminze, Malve, Ringel- und Kornblume, Basilikum, Majoran und Thymian. Kräuter und Gewürzpflanzen zählen zu den Südtiroler Qualitätsprodukten.

Leimkrautrisotto mit in Wildem Thymian und Gundelrebe gebratener Kalbsleber

Der leicht süßliche Geschmack des Leimkrautes, der etwas an junge Erbsen erinnert, findet seine Ergänzung in der Kalbsleber, die auch beim Braten mild, zart und saftig bleibt. Die Gundelrebe setzt den aromatischen Akkord.

Für den Risotto

160 g	Carnaroli-Reis
2	Schalotten, fein gehackt
200 g	Weißwein
1½ l	Kalbsfond (s. Grundrezept S. 224)
80 g	Leimkraut, geputzt
	Olivenöl

Für die Kalbsleber

20 g	kalte Butter
20 g	Parmesan, gerieben
250 g	Kalbsleber
1	Knoblauchzehe
1 TL	Wilder Thymian
1 TL	Gundelrebe
100 g	Kalbsfond (s. Grundrezept S. 224)
	Salz, Pfeffer
	Muskatnuss

Zum Anrichten

	Gundelrebe
	Wilder Thymian

Risotto

- Schalotten in Olivenöl farblos anschwitzen, Reis dazugeben und etwas anrösten. Mit Weißwein ablöschen, salzen und mit Kalbsfond aufgießen. Etwa 20 Minuten unter ständigem Rühren kochen. Wenn die Flüssigkeit verdampft ist, immer wieder Kalbsfond angießen.
- Leimkraut unter den Risotto rühren und mit Parmesan und Butter abschmecken.

Kalbsleber

- Kalbsleber in sehr dünne Scheiben schneiden. Knoblauchzehe mit Schale etwas andrücken und in einer Pfanne mit etwas Butter anschwitzen. Leber dazugeben und mit Muskat und Pfeffer würzen. Anbraten.
- Leber wenden und Pfanne vom Herd nehmen, etwas salzen und mit den klein gehackten Wildkräutern würzen. Kurz ziehen lassen.
- Kalbsfond einreduzieren lassen und Leber durch die Sauce ziehen.

Anrichten

- Risotto auf Tellern anrichten und Kalbsleber daraufsetzen. Mit Gundelrebe und Wildem Thymian garnieren.

Weinempfehlung
Blauburgunder »Castel Juval«
Weingut Unterortl, Martin Aurich, Naturns

Gebratene Hirschnuss mit Preiselbeer-Speck-Krokant, gelierten Steinpilzen und Selleriepüree

Das Hirschfleisch mit seinem typischen, feinen Wildgeschmack erhält hier einen süßen Begleiter: die Preiselbeeren. Damit das Süße nicht Oberhand gewinnt, federn es Sellerie und Steinpilze wieder ab.

Für die gelierten Steinpilze

160 g	Steinpilze
300 g	Fleischbrühe
1 EL	Sahne
8 g	Agar-Agar (aus dem Bioladen)
	Salz, Pfeffer

Für die Hirschnuss

2	Hirschnüsschen à 500 g
40 g	Butter
2	Thymianzweige
2	Origanostängel
1	Rosmarinzweig
	Olivenöl
	Salz, Pfeffer

Für den Preiselbeer-Speck-Krokant

30 g	Weißbrotwürfel
20 g	Speckwürfel
1 EL	Preiselbeermarmelade

Für das Selleriepüree

1	Sellerieknolle
300 g	Sahne
	Salz

Zum Anrichten

150 g	Wildgrundsauce (s. Grundrezept S. 225)
4	Thymianzweige

Gelierte Steinpilze

- Steinpilze putzen und klein schneiden. Zusammen mit 200 g Fleischbrühe und Sahne etwa 1 Minute aufkochen lassen.
- 100 g Fleischbrühe mit Agar-Agar verrühren und zu den Steinpilzen geben. Kurz aufkochen lassen. Mit Salz und Pfeffer abschmecken und im Mixer pürieren.
- Die Masse 2 cm hoch in eine rechteckige Form füllen und im Kühlschrank erstarren lassen (mindestens 2–3 Stunden).
- Aus der Form nehmen und in Streifen schneiden, auf etwa 70 Grad erwärmen.

Hirschnuss und Preiselbeer-Speck-Krokant

- Hirschnuss mit Salz und Pfeffer würzen und in Olivenöl auf beiden Seiten scharf anbraten. Im vorgeheizten Backofen bei 205 Grad (Umluft) etwa 18 Minuten garen. Herausnehmen und bei 70 Grad etwa 30 Minuten ruhen lassen. Fleisch zusammen mit Thymian, Origano und Rosmarin in Butter braten und in Scheiben schneiden.
- Weißbrot mit Speck vermischen und in Butter knusprig anbraten. Kurz vor dem Servieren Preiselbeermarmelade unterrühren.

Selleriepüree

- Sellerieknolle schälen und in kleine Würfel schneiden. In Salzwasser weich kochen, abseihen. Mit Sahne erneut aufkochen, bis die Flüssigkeit einreduziert ist. Mit Salz würzen und im Mixer fein pürieren.

Anrichten

- Wildsauce als Spiegel auf den Teller geben. Preiselbeer-Speck-Krokant und Fleischscheiben darauf anrichten. Auf der einen Seite eine Nocke Selleriepüree anlegen, auf der anderen einen Streifen von den gelierten Steinpilzen. Mit Thymian garnieren.

Tipp

Damit der *Krokant* nicht durchweicht, dürfen die Preiselbeeren erst ganz kurz vor dem Anrichten unter die Speck-Weißbrot-Würfel gegeben werden.

Die gelierten *Steinpilze* gelingen nur, wenn man sich genau an die Mengenangaben hält.

Weinempfehlung
Lagrein Riserva
Weingut Thurnhof, Andreas Berger, Bozen

Safran-Enzian-Eis mit Gewürzzwetschgen und karamellisiertem Strauben

Krokusart trifft auf Enziangewächs, Persien und das Mittelmeer auf die Alpen. Und obendrauf wird eine traditionelle Südtiroler Mehlspeise gesetzt.

Für das Safran-Enzian-Eis

5	Eigelb
110 g	Zucker
170 g	Weißwein
1 Msp.	Safranfäden
5 g	Enzianschnaps
80 g	kalte Butterwürfel
80 g	Sahne

Für die Gewürzzwetschgen

150 g	Zucker
150 g	Traubensaft
150 g	Portwein
150 g	Orangensaft
½	unbehandelte Zitrone (Schale)
½	unbehandelte Orange (Schale)
5	Nelken
½	Zimtstange
1	Thymianzweig
12	Zwetschgen

Für den Strauben

250 g	Mehl
200 g	Milch
50 g	Bier
1 TL	Treber
3	Eigelb
1 Pkg.	Vanillezucker
30 g	Zucker
3	Eiweiß
	Salz
	Öl zum Frittieren

Zum Anrichten

Staubzucker
Melisse

Safran-Enzian-Eis

- Safranfäden 1 Stunde in Weißwein einweichen. Anschließend zusammen mit Enzianschnaps aufkochen. Sahne ebenfalls aufkochen.
- Eigelb mit Zucker auf dem Wasserbad aufschlagen. Sahne und Weißwein unter ständigem Rühren langsam dazugeben. Mit einem Stabmixer die Butterwürfel nach und nach einarbeiten.
- Masse in die Eismaschine füllen und gefrieren lassen.

Gewürzzwetschgen

- Zucker karamellisieren lassen, mit Portwein ablöschen. Zwetschgen, Trauben- und Orangensaft, Nelken, Zimtstange, Thymian sowie Orangen- und Zitronenschale dazugeben und einige Minuten kochen lassen. Die Zwetschgen herausnehmen und beiseite stellen. Die Flüssigkeit sirupartig einkochen lassen. Zwetschgen anschließend wieder dazugeben.

Strauben

- Mehl mit Milch, Bier, Eigelb, Vanillezucker, Treber und Salz zu einem glatten Teig verrühren.
- Eiweiß mit Salz steif schlagen und gut unter die Masse heben.
- Masse mit einem Trichter spiralförmig in das 170 Grad heiße Öl laufen lassen und goldbraun frittieren.
- Strauben herausnehmen, auf Küchenpapier entfetten und mit Staubzucker bestreuen. Unter dem Grill karamellisieren lassen.

Anrichten

- Zwetschgen mit Sauce auf die Teller geben. Eis anlegen und Strauben vorsichtig daraufsetzen. Mit Melisse garnieren.

Weinempfehlung
Gewürztraminer Passito »Cresta«
Weinkellerei Rottensteiner, Bozen

Strauben Die Strauben sind ein süßes Backwerk der bäuerlichen Tradition, die zu bestimmten Anlässen (z. B. bei Volks- und Wiesenfesten) vornehmlich von Bäuerinnen zubereitet werden. Der flüssige Teig aus Mehl, Butter Milch, Eiern und Öl läuft durch einen Trichter spiralförmig ins siedende Öl und wird kurz ausgebacken. Bestreut werden die warmen Strauben mit Staubzucker, serviert meist mit Preiselbeermarmelade.

Jörg Trafoier

So oft als möglich Vinschger Produkte, immer wieder neu interpretiert.

So oft als möglich Vinschger Produkte, immer wieder neu interpretiert.

Berufliche Stationen

1981 – 1984	Ausbildung Hotel Adler, St. Ulrich, Südtirol
1985	Hotel Palace, Meran, Südtirol
1986 – 1987	Hotel Gauenpark, Flumserberg (CH)
1987 – 1988	Hotel Grödnerhof, St. Ulrich, Südtirol
ab 1988	Restaurant Kuppelrain, Kastelbell, Südtirol

■ Das jugendliche Auftreten von Jörg Trafoier sollte nicht darüber hinwegtäuschen, dass der Vinschger Ausnahmekoch bereits zu den alten Hasen in der Südtiroler Kochszene gehört und zur fixen Adresse jener Gourmets zählt, die sich ein Bild von der Südtiroler Gastronomieszene machen wollen. Doch aller Anfang war schwer und nicht wenige im Dorf hielten die Idee, statt einer Pizzeria oder eines zünftigen Dorfgasthauses ein Feinschmeckerrestaurant etablieren zu wollen, für verrückt und hoffnungslos, im besten aller Fälle für wagemutig. 20 Jahre sind seither vergangen, aus bescheidenen Anfängen ist ein bemerkenswertes Restaurant gewachsen: mit persönlichem Ambiente, ohne Starallüren und familiär. Großen Verdienst hat diesbezüglich auch Ehefrau Sonja, die Jörg Trafoier in der Küche den Rücken freihält und den Service charmant leitet.

Und wie kann man die Küche von Jörg Trafoier beschreiben? Zunächst einmal ist er ein kulinarischer Patriot, ein leidenschaftlicher Koch. Der Rhythmus der Natur bestimmt seine Speisekarte, und es sind vor allem die Produkte des heimischen Vinschgaus, die Jörg Trafoier aufspürt, interpretiert und veredelt. Seine Liebe gilt Kräutern und Blumen, Marillen und Spargel, Äpfeln und Erdbeeren – alles rigoros aus dem Vinschgau und alles so naturbelassen wie möglich. Trafoier kann getrost auch als gedanklicher Wanderer bezeichnet werden,

der sich gerne von der Natur inspirieren lässt und diesen Ideenreichtum seinen Gästen mit seinen Gerichten weitergibt. Er sucht den besseren Geschmack, die noch authentischere Nuance – ohne Hast, aber hartnäckig und mit einer klaren Vision, die da lautet: Habe Zeit für den Geschmack. Und er sucht in seinen kreativen Menüs beständig und zielsicher das Zusammenspiel und die Dissonanz, lässt diese harmonisch aufeinandertreffen und scheut sich auch nicht, das eine oder andere Außergewöhnliche zu vermengen. Aber vor allem auf eines kann man sich im »Kuppelrain« im Vinschgauer Kastelbell verlassen: Die Trafoiers sind herzliche Gastgeber, nichts ist aufgesetzt und nichts einstudiert. Hier wird gelebt. Dass da manchmal ein blonder Wuschelkopf, das jüngste Töchterlein, den Gast begrüßt oder verabschiedet, passt schlicht und einfach zur entspannten Atmosphäre des Restaurants.

Kartoffel-Löwenzahn-Salat mit Spargelspitzen und Kalbswangen

Ein bekömmlicher Salat trifft auf einen Klassiker der Südtiroler Küche: Wangelen. Der Bauernschmaus verschwand für lange Zeit von der Speisekarte der Südtiroler, wurde aber dank traditionsbewusster Köche wieder salonfähig.

Für den Kartoffel-Löwenzahn-Salat

- 4 mittelgroße Kartoffeln
- 200 g Löwenzahnblätter
- 5 g Löwenzahnhonig oder Löwenzahnsirup
- 40 g Olivenöl
- 40 g Apfelessig
- Salz, Pfeffer

Für die Kalbswangen

- 4 Kalbswangen, pariert
- etwas Paprikapulver
- etwas Mehl
- 125 g Weißwein (Riesling)
- 1 l Kalbsfond (s. Grundrezept S. 224)
- Salz, Pfeffer

Zum Anrichten

- 20 kleine Spargelstangen, geschält, blanchiert und ausgekühlt
- Löwenzahnblüten
- Brotchips
- Olivenöl

Kartoffel-Löwenzahn-Salat

- Kartoffeln mit Schale kochen, auskühlen lassen, schälen und in dünne Scheiben schneiden. Löwenzahnblätter waschen, abtropfen, fein schneiden und zu den Kartoffelscheiben geben. Mit Olivenöl, Salz und Pfeffer abschmecken.
- Löwenzahnhonig oder -sirup mit Apfelessig vermischen, zum Kartoffel-Löwenzahn-Salat geben und vorsichtig unterrühren.

Kalbswangen

- Kalbswangen leicht mehlieren und mit Paprikapulver bestreuen.
- In Olivenöl auf beiden Seiten gut anbraten. Mit Weißwein ablöschen. Mit Kalbsfond aufgießen und rund 1½ Stunden schmoren lassen.
- Für die Sauce den Kalbsfond einreduzieren.

Anrichten

- Spargel auf Teller verteilen und mit etwas Olivenöl beträufeln. Kartoffel-Löwenzahn-Salat mithilfe eines Metallrings platzieren und Kalbswangenscheiben mit etwas Sauce daneben anrichten. Mit Brotchip, Löwenzahnblüten und -honig garnieren.

Tipp

Statt der *Kalbswangen* kann man auch Rindswangen nehmen.

Weinempfehlung

Riesling »Castel Juval«
Weingut Unterortl, Martin Aurich, Kastelbell

Vinschger Spargel Es ist eine Handvoll Bauern, die im Vinschgau, in der Gemeinde Kastelbell-Tschars, Spargel anbaut. Dieser ist besonders delikat und knackig, in seiner Form dünn und grazil, dafür aber intensiv im Geschmack. Einige Restaurants des Tales, darunter auch das Kuppelrain, veredeln das königliche Gemüse im April und Mai. Eine raffinierte Bodenheizung ermöglicht die frühe Ernte in diesem hoch gelegenen Tal. Das Zauberwort heißt auch im Vinschgau Frische: am Morgen gestochen, am Vormittag verarbeitet und am Abend auf dem Teller des Gastes.

Dreierlei vom Suppenspiel

Original Südtirol, typisch Mittelmeer und klassisch österreichisch-ungarisch. Drei Suppen, die vor allem in kalten Winternächten kräftig einwärmen und stärken.

Für die Speckknödelsuppe

50 g	Südtiroler Speck
100 g	Weißbrot (2 Tage alt), in Würfel geschnitten
½	Zwiebel, fein gehackt
2 EL	Petersilie, fein gehackt
150 g	Milch
30 g	Butter
1–2	Eier
1–2 EL	Weizenmehl
1 l	Fleischbrühe
1 EL	Schnittlauch
	Salz

Für die Linsencreme

150 g	rote Linsen
2 l	Gemüse- oder Fleischbrühe
½	Zwiebel, fein gehackt
1	kleine Kartoffel
	Olivenöl
	Salz, Pfeffer

Für die Gulaschsuppe

200 g	Rindsschulter (oder Wild- bzw. Lammschulter)
1 EL	Paprikapulver
2 l	Wasser oder Fleischbrühe
2 EL	Tomatenmark
2	Karotten, in Würfel geschnitten
1 Stange	Lauch, in Ringe geschnitten
2	Kartoffeln, in Würfel geschnitten
2 EL	gehackte Kräuter (Liebstöckel, Petersilie, Sellerieblätter, Schnittlauch)
	Olivenöl
	Salz, Pfeffer

Speckknödelsuppe

- Zwiebel- und Speckwürfel in Butter anschwitzen, zu den Weißbrotwürfeln geben. Milch darübergießen und alles gut vermischen. Eier, Petersilie, Mehl unterrühren und mit Salz würzen. Etwa 15 Minuten ruhen lassen.
- Aus der Masse kleine Knödel formen und in leicht gesalzenem Wasser etwa 8 Minuten köcheln lassen.
- Fleischbrühe erhitzen, Schnittlauch und Knödel dazugeben.

Linsencreme

- Linsen waschen und etwa 6 Stunden in kaltem Wasser einweichen, abgießen. Zusammen mit der fein gehackten Zwiebel in Olivenöl anschwitzen.
- Kartoffeln schälen und in kleine Würfel schneiden, zu den Linsen geben. Mit Brühe aufgießen und bei schwacher Hitze etwa 1 Stunde köcheln lassen. Mit Salz und Pfeffer würzen und im Mixer pürieren.

Gulaschsuppe

- Fleisch in kleine Würfel schneiden und mit Paprikapulver würzen. In Olivenöl anbraten. Karotten, Kartoffeln und Lauch dazugeben und anschwitzen. Tomatenmark zufügen und kurz anrösten. Mit Brühe oder Wasser aufgießen und bei schwacher Hitze so lange köcheln, bis das Fleisch weich ist. Mit Salz, Pfeffer und Kräutern abschmecken.

Anrichten

- Die Suppen in drei Suppentassen anrichten.

Tipp

Machen Sie einen *Probeknödel*, um zu sehen, ob die Knödelmasse die richtige Konsistenz hat. Wenn er beim Kochen zerfällt, ist die Masse zu weich. Kneten Sie einfach noch etwas Mehl unter.

Weinempfehlung
Blauburgunder Riserva
Weingut Köfelgut, Martin Pohl, Kastelbell

Mit Muskatkürbis gefüllte Rohnen-Teigröschen in Almkäsefonduta

Der würzige Südtiroler Käse gibt dem süßlichen Kürbis und den erdigen Rohnen eine kräftige Note.

Für die Rohnen-Teigröschen

1 kg	Muskatkürbis
200 g	Weizenmehl
80 g	Rohnen
1	Eigelb
	Olivenöl
	Salz, Pfeffer

Für die Almkäsefonduta

300 g	gereifter Almkäse, gerieben
250 g	Sahne

Zum Anrichten

	Weißer Trüffel

Teigröschen

- Kürbis schälen, Kerne entfernen und Fruchtfleisch in kleine Stücke schneiden. Im vorgeheizten Backofen bei 60 Grad garen, bis das Kürbisfleisch weich ist (etwa 1 Stunde). Auskühlen lassen und durch ein Sieb passieren. Mit Salz und Pfeffer würzen.
- Rohnen in Salzwasser weich kochen, schälen und durch ein Sieb passieren. Zusammen mit Mehl und Olivenöl zu einem geschmeidigen Teig verkneten. Salzen und etwa 1 Stunde kühl stellen.
- Teig dünn ausrollen, kleine Vierecke ausschneiden und mit Eigelb bestreichen.
- Etwas Kürbisfüllung auf die Teigblätter setzen und zu kleinen Röschen formen. In Salzwasser 3–5 Minuten kochen.

Almkäsefonduta

- Sahne aufkochen und den Almkäse unter ständigem Rühren bei kleiner Hitze schmelzen lassen.

Anrichten

- Teigröschen in Almkäsefonduta schwenken und auf Tellern anrichten. Weißen Trüffel darüberhobeln.

Weinempfehlung
Blauburgunder
Schlossweingut Stachlburg, Baron von Kripp, Partschins

Schweinebauch auf Kichererbsenpüree

Der mit Fett durchwachsene Schweinebauch wird vom süßen Kichererbsenpüree begleitet. Dazu trinkt man am besten einen prickelnden Schaumwein.

Für den Schweinebauch

800 g	Schweinebauch
2	Karotten
2	kleine Zwiebeln
6 Stangen	Staudensellerie
5	kleine Thymian- oder Rosmarinzweige
	Olivenöl
	Salz, Pfeffer

Für das Kichererbsenpüree

250 g	Kichererbsen, am Vortag eingeweicht
1	kleine Zwiebel, fein gehackt
3 l	warme Gemüse- oder Fleischbrühe
200 g	Sahne
	Olivenöl
	Salz, Pfeffer

Zum Anrichten

Wilder Hopfen
essbare Blüten (Kornblume, Malve, Stiefmütterchen)
Olivenöl

Schweinebauch

- Schweinebauch mit Karotten, Zwiebeln, Staudensellerie, Rosmarin und Thymian in einen Topf mit 3 l Wasser geben und zum Kochen bringen. Anschließend auf kleiner Flamme etwa 1 Stunde köcheln lassen.
- Schweinbauch aus dem Sud nehmen und auskühlen lassen. In 8 Scheiben schneiden, salzen, pfeffern und mit Olivenöl einreiben.
- Schweinebauchscheiben in einer Pfanne auf beiden Seiten kross anbraten.

Kichererbsenpüree

- Zwiebel in etwas Olivenöl farblos anschwitzen, die eingeweichten Kichererbsen dazugeben und leicht glasig dünsten. Brühe angießen und weich kochen.
- Kichererbsen abseihen und im Mixer pürieren. Sahne unterrühren. Sollte das Püree zu fest sein, etwas Brühe dazugeben. Mit Salz und Pfeffer abschmecken und warm stellen.

Anrichten

- Etwas Kichererbsenpüree auf den Teller geben, Schweinebauch darauf anrichten. Mit Wildem Hopfen, essbaren Blüten und Olivenöl garnieren.

Trinkempfehlung
»Sällent«
Befehlhof, Oswald Schuster, Schlanders

Topfenmousse mit eingelegten Marillen und Joghurtsorbet mit Erdbeeren

Der Vinschgau ist für seine Marillen und Erdbeeren bekannt. Hier werden die beiden Früchte mit Topfen und Joghurt kombiniert.

Für die Topfenmousse

1	Vanilleschote
200 g	Topfen
150 g	Staubzucker
2 Blätter	Gelatine
250 g	Sahne, geschlagen
½	unbehandelte Zitrone (Schale in Zesten)

Für das Joghurtsorbet

400 g	Naturjoghurt
150 g	Sahne
2 Blätter	Gelatine
3	Erdbeeren, püriert
100 g	Staubzucker
½	unbehandelte Zitrone (Schale in Zesten)

Zum Anrichten

	Minze
	Zuckerkörbchen (s. Tipp)
12	Erdbeeren, geviertelt
	eingelegte Marillen (aus dem Feinkostladen)

Weinempfehlung
Gewürztraminer »Spätlese«
Weingut Falkenstein, Franz Pratzner, Naturns

Topfenmousse

- Gelatine in kaltem Wasser einweichen. Vanilleschote aufschlitzen und Mark herauskratzen.
- Topfen mit Vanillemark und Staubzucker verrühren. Die ausgedrückte Gelatine in 2 Esslöffel Wasser auf dem Wasserbad auflösen und zur Topfenmasse geben. Mit Zitronenschale abschmecken und die geschlagene Sahne vorsichtig unterheben. Etwa 3 Stunden im Kühlschrank fest werden lassen.

Joghurtsorbet

- Joghurt mit Staubzucker verrühren und mit Zitronenschale abschmecken.
- Gelatine in kaltem Wasser einweichen. 50 g Sahne leicht erhitzen, ausgedrückte Gelatine darin auflösen, etwas abkühlen lassen und zum Joghurt geben.
- Pürierte Erdbeeren unterrühren.
- Die restliche Sahne schlagen und unterheben. In der Eismaschine 10–15 Minuten gefrieren lassen. Sorbet anschließend etwa 1 Stunde ins Tiefkühlfach stellen (sollte das Sorbet noch zu weich sein, länger im Tiefkühlfach lassen).

Anrichten

- Sorbet zusammen mit den Erdbeeren in einem Schälchen anrichten. Eingelegte Marillen auf Teller verteilen, Topfenmousse anlegen und mit Zuckerkörbchen und Minze garnieren.

Tipps

Man kann das *Sorbet* auch im Tiefkühlfach herstellen. Dazu Masse in eine flache Schüssel füllen und etwa 30 Minuten gefrieren lassen. Gut durchrühren, weitergefrieren lassen und den Vorgang so oft wiederholen, bis das Sorbet die gewünschte Konsistenz hat.

Für die *Zuckerkörbchen* lassen Sie Zucker in einem kleinen Topf karamellisieren (dabei nicht umrühren). Ölen Sie die Außenseite einer Schöpfkelle ein und ziehen Sie mithilfe eines Löffels möglichst lange Fäden kreuzweise über den eingeölten Schöpflöffel. Abkühlen und erstarren lassen. Körbchen vorsichtig ablösen.

Erdbeeren Was 1960 im Martelltal mit einigen Beerenpflanzen begann, ist heute eine kaum mehr wegzudenkende Erwerbsquelle für die Bauern des Tales. Angebaut und geerntet wird auf kleinen und kleinsten Feldern entlang des Tales. Insgesamt wachsen in diesem Vinschger Seitental auf 80 Hektar Fläche Erdbeeren. Marteller Erdbeeren gibt es vom Juni bis zum September. Da die Beeren auf einer Höhe von 600 bis 1000 Metern wachsen, reifen sie langsam und ohne Hitzestress. Sie schmecken aromatischer, sind viel saftiger und – wegen der Temperaturunterschiede zwischen Tag und Nacht – süßer.

Gregor Wenter

Genuss ohne Reue und
mit gutem Essen glücklich werden

Genuss ohne Reue und mit gutem Essen glücklich werden

Berufliche Stationen

Sommer 1992	Service, Parkhotel Laurin, Bozen, Südtirol
Sommer 1993	Küche, Bayrischer Hof, München (D)
Sommer 1994	Service, Hostellerie du Rosenmeer, Rosheim (F)
Sommer 1995	Service, The River Coffee Hammersmith, London (GB)
1996–1997	Küche, Hotel Bad Schörgau, Sarnthein, Südtirol
1998–1999	Weinhandlung Munzert, München (D)
Winter 1999/2000	Barservice, La Perla, Corvara, Südtirol
2000–2002	Service, Hotel Bad Schörgau, Sarnthein, Südtirol
seit 2002	Übernahme der Küche im Hotel Bad Schörgau, Sarnthein, Südtirol

■ Wer Spaß am Leben hat, hat auch Spaß am Kochen. Und wer gerne genießt, der tut es ohne Reue. Alles steht für Gregor Wenter in einem direkten Zusammenhang, und so entsteht die Leidenschaft, die fürs Leben ebenso notwendig ist wie fürs Kochen und Essen.

Wer sich dem Genießerhotel »Bad Schörgau« im Sarntal nähert, der muss über eine kurven- und tunnelreiche Straße, die ihren Anfang im Talkessel von Bozen nimmt und durch die Sarner Schlucht bis tief ins weite, behäbige Tal mit intaktem Ökosystem führt. Das Tal prägt den Kochstil des vor Energie sprühenden Gregor Wenter, will heißen: Wo immer möglich, bevorzugt er kurze Wege bei der Produktbeschaffung und setzt auf die Eigenheiten der Sarner Naturprodukte, die zum essenziellen Stück Kultur werden. Auf der Speisekarte liest sich das so: gekochter Sarner Schulterschinken mit Sarner Latsche, Sarner Lamm, Sarner Nocken, Pfingischt-Grunggln. Was bodenständig klingt, wird leicht und einfallsreich präsentiert und soll beim Gast Emotionen wecken. Und so hat der leutselige Gregor Wenter auch immer eine Geschichte zu seinen Gerichten parat.

Dabei ist Gregor Wenter fast notgedrungen zum Koch geworden und die Entscheidung hängt mit einem traurigen Familienereignis zusammen: dem plötzlichen Tod seines Vaters Sepp Wenter, eines Gourmetpioniers des Tales, dem es als Allerersten gelang, Gourmets in das da-

mals kulinarisch noch rückständige Tal zu locken. Gregors Platz im Familienbetrieb war damals noch im Service eingeplant. Sein Kücheneinsatz sollte eine Übergangslösung sein, bis man »eben einen Koch gefunden hätte«, erinnert er sich. Familie Wenter fand keinen, der wirklich passte – und so blieb Gregor Wenter am Herd des Familienbetriebs. Der Quereinsteiger arbeitete sich in seiner lockeren, unbekümmerten Art hoch, indem er sich vor Neuem und Ungewöhnlichem nie scheute; so baute er beispielsweise die Sarner Latsche in seine Küche ein, nachdem er sie mit Geduld domestiziert hatte. Heute zaubert er daraus Latschenschaum, Risotto, Pesto und Latschensoufflé. Verurteilten viele anfangs seine Ideen als geschmackliche Provokation, sind heute viele von seiner Unbeirrbarkeit beeindruckt. Man darf gespannt sein, wohin ihn seine unbändige Leidenschaft kulinarisch noch führen wird.

Kalbsbries mit Birnenconfit auf Radieschen und Karotten-Cappuccino

Der Krenschaum auf dem süßen Karottensüppchen unterstreicht mit seiner Schärfe den frischen Geschmack der knackigen Radieschen. Er akzentuiert aber auch die Süße vom Birnenconfit zum zarten Kalbsbries.

Für das Kalbsbries

- 300 g Kalbsbries
- 1 EL Olivenöl
- 50 g Birnenconfit (aus dem Feinkostladen)
- 1 TL Butter
- Salz, Pfeffer

Für den Karotten-Capuccino

- 1 Schalotte, fein gehackt
- 1 TL Olivenöl
- 2 Karotten, in grobe Würfel geschnitten
- 20 g Sherry
- 380 g Gemüsebrühe
- Salz, Pfeffer
- 1 TL Kren, aus dem Glas
- 50 g Milch
- 1 kleiner Rosmarinzweig
- 5 g Sojalecithin (aus der Apotheke)

Zum Anrichten

- 2 Radieschen, in dünne Scheiben geschnitten
- Marinade (s. Tipp)
- Rosmarin
- Bohnenkraut

Kalbsbries

- Kalbsbries parieren und in Salzwasser etwa 2 Minuten blanchieren (es sollte innen noch roh sein). In etwa 1,5 cm dicke Scheiben schneiden und in Olivenöl auf beiden Seiten anbraten. Mit Salz und Pfeffer würzen und mit Birnenconfit und Butter abschmecken. Etwa 1 Minute weiterbraten.

Karotten-Cappuccino

- Schalotte in Olivenöl farblos anschwitzen, Karottenwürfel dazugeben, mit Sherry ablöschen und einkochen lassen. Mit 300 g Gemüsebrühe aufgießen und in etwa 15 Minuten weich kochen. Mit Salz und Pfeffer abschmecken. Im Mixer pürieren und durch ein Spitzsieb passieren.
- Für den Schaum Kren, Milch und 80 g Gemüsebrühe kurz aufkochen lassen. Vom Herd ziehen. Sojalecithin und Salz zugeben und mit dem Stabmixer aufschäumen.

Anrichten

- Radieschenscheiben auf Tellern anrichten, mit Marinade beträufeln. Kalbsbries darauflegen und mit Birnenconfit und Rosmarin garnieren. Karottensuppe in ein kleines Glas füllen, Krenschaum daraufgießen und neben das Kalbsbries stellen. Mit Bohnenkraut garnieren.

Tipp

Für die *Marinade* verrührt man 10 EL Olivenöl mit 1 EL Kürbiskernöl, 1 Schuss Weinessig sowie Salz und Pfeffer.

Weinempfehlung
Sylvaner
Pacherhof, Josef Huber, Neustift

Frühlingseintopf mit Gewürztraminerschaum und Teigtaschen mit Ochsenschwanzfüllung

Die Eigenheit der süßen Ochsenschwanzfüllung und die Frische und Säure des Eintopfes finden hier eine ungewöhnliche, aber perfekte Harmonie.

Für die Teigtaschen mit Ochsenschwanzfüllung

80 g	Weizenmehl
80 g	Hartweizengrieß
4	Eier
1	Eigelb
1 kg	Ochsenschwanz
1	Karotte
½	Sellerieknolle
1	Zwiebel
3	Tomaten
1 EL	Olivenöl
1 EL	Butter
500 g	Wasser
500 g	Rotwein (z. B. Lagrein)

Für den Frühlingseintopf

1	Weißwurzel
1	Fenchel
4 Stangen	weißer Spargel
4 Stangen	grüner Spargel
200 g	Gemüsebrühe
3	Strauchtomaten, halbiert
3	Radieschen, in dünne Scheiben geschnitten
	etwas Bachkresse
	etwas Löwenzahn
	Salz, Pfeffer

Für den Gewürztraminerschaum

100 g	Gewürztraminer
100 g	Wasser
	Salz, Pfeffer
4 g	Sojalecithin (aus der Apotheke)

Zum Anrichten

	Bachkresse

Teigtaschen und Ochsenschwanzfüllung

- Für den Nudelteig Mehl, Grieß, Eier und Eigelb zu einem glatten Teig verkneten und etwas ruhen lassen.
- Ochsenschwanz in einem Bräter mit Olivenöl anbraten. Karotte, Sellerie und Zwiebel putzen und in grobe Stücke schneiden. Mit den ganzen Tomaten, Rotwein und Wasser zum Ochsenschwanz geben und im vorgeheizten Backofen bei 180 Grad etwa 4 Stunden schmoren lassen. Fleisch herausnehmen und abkühlen lassen. Vom Knochen lösen und in kleine Stücke schneiden.
- Sauce (mit dem Gemüse) einreduzieren lassen, durch die Flotte Lotte passieren und zum Fleisch geben. Gut verrühren. Mit Salz und Pfeffer abschmecken, wenn nötig mit Butter abbinden. Abkühlen lassen.
- Teig mit der Nudelmaschine zu dünnen Platten ausrollen. Etwas Ochsenschwanzfüllung in Abständen auf den Teig setzen. Die Zwischenräume mit Wasser bestreichen. Eine Teigplatte darüberlegen und fest andrücken. Mit einem runden Ausstecher Teigtaschen ausstechen.
- In kochendem Salzwasser etwa 6 Minuten garen.

Frühlingseintopf

- Gemüse in beliebige Formen schneiden und blanchieren.
- Gemüsebrühe aufkochen. Halbierte Strauchtomaten und dünn geschnittene Radieschen dazugeben. Das blanchierte Gemüse zufügen und alles bissfest garen.
- Mit Bachkresse und Löwenzahn abschmecken und mit Salz und Pfeffer würzen.

Gewürztraminerschaum

- Gewürztraminer zusammen mit Wasser aufkochen und etwas einreduzieren lassen. Mit Salz und Pfeffer abschmecken.
- Vom Herd nehmen und Sojalecithin einrühren. Mit dem Stabmixer aufschäumen.

Anrichten

- Eintopf in tiefe Teller geben, Teigtasche ansetzen und mit Gewürztraminerschaum beträufeln. Mit Bachkresse garnieren.

Weinempfehlung
Gewürztraminer »Nussbaumer«
Kellerei Tramin

Tipp
Der *Ochsenschwanz* lässt sich leichter vom Knochen lösen, wenn er noch nicht ganz ausgekühlt ist.

Gewürztraminer Woher der Gewürztraminer stammt, ist immer noch nicht geklärt. Der Name geht zweifelsfrei auf das Dorf Tramin im Süden Südtirols zurück. Der Gewürztraminer ist sicher einer der aussagekräftigsten und erfolgreichsten Weißweine Südtirols, der insbesondere in Italien für Furore sorgt. Kommt er aus dem Unterland oder dem Überetsch, ist er meist säurearm und körperreich, kommt er aus dem höher gelegenen Eisacktal oder Vinschgau, ist er meist von frischerer Ausprägung.

Kartoffelknödel mit Almkäsesauce und Steinpilzen

Knödel sind aus der traditionellen Südtiroler Küche nicht wegzudenken. Hier werden sie jedoch nicht aus Brot, sondern aus Kartoffeln und Frischkäse gemacht. Die Käsesauce verleiht dem Gericht den würzigen Unterbau, die Steinpilze sorgen für einen erdigen Abgang.

Für die Knödel

500 g	Kartoffeln
150 g	Ricotta
150 g	Mehl
3	Eigelb
	Salz, Pfeffer
	Muskatnuss

Für die Sauce und die Steinpilze

500 g	Gemüsebrühe
100 g	Almkäse
2 EL	Parmesan
120 g	Sahne
	Salz, Pfeffer
80 g	kleine Steinpilze
	Olivenöl

Zum Anrichten

	Bachkresse

Knödel

- Kartoffeln mit Schale kochen, schälen und durch die Kartoffelpresse in eine Schüssel drücken. Mehl, Eigelb, Ricotta dazugeben und mit Salz, Pfeffer und Muskatnuss abschmecken. Alles zu einem festen Teig verkneten, etwas ruhen lassen.
- Aus dem Teig Knödel formen (etwa 5 cm Ø) und etwa 8 Minuten in leicht köchelndem Salzwasser ziehen lassen.

Sauce und Steinpilze

- Gemüsebrühe aufkochen, vom Herd ziehen. Parmesan und Almkäse zufügen und darin schmelzen lassen. Die Sahne dazugeben und alles noch einmal auf etwa 80 Grad erhitzen. Mit Salz und Pfeffer abschmecken. Wenn nötig durch ein Haarsieb passieren.
- Steinpilze putzen und in Scheiben schneiden. In Olivenöl ansautieren.

Anrichten

- Knödel in einen tiefen Teller geben, großzügig mit Almkäsesauce übergießen und mit Steinpilzen und Bachkresse garnieren.

Tipps

Man kann die *Steinpilze* auch roh als Carpaccio über die Knödel hobeln oder durch Bachkresse (im Frühling) bzw. Rohnen und Lauch (im Winter) ersetzen.

Die *Knödel* lassen sich gut einige Tage im Voraus vorbereiten, sie können auch problemlos tiefgekühlt werden.

Weinempfehlung
»Beyond the Clouds«
Elena Walch, Tramin

Lammbauch mit Käseknödelfüllung, Erbsenpüree und Thymiansauce

Bei diesem Gericht wird der Lammbauch geadelt und mit einem originalen Südtiroler zusammengebracht: dem Käseknödel. Einen farblich schönen Kontrapunkt bildet das Grün des Erbsenpürees.

Für die Käseknödelfüllung

- 60 g Zwiebel, fein gehackt
- 40 g Butter
- 200 g Ziegen- oder Schafskäse, in Würfel geschnitten
- 300 g Weißbrot (2 Tage alt), in Würfel geschnitten
- 4 Eier
- 100 g Milch
- 2 EL Mehl
- 2 EL Wildkräuter (z. B. Thymian, Rosmarin, Estragon), fein gehackt
- Salz, Pfeffer

Für das Lamm und die Thymiansauce

- 250 g Lammbauch
- Olivenöl
- 1 Zwiebel, in Würfel geschnitten
- 500 g Wurzelgemüse (Zwiebel, Karotte, Sellerieknolle), in grobe Würfel geschnitten
- 1 EL Tomatenmark
- 125 g Rotwein
- 100 g Gemüsebrühe
- 1 Lorbeerblatt
- 2 Thymianzweige
- 3 Salbeiblätter, fein gehackt
- 1 Rosmarinzweig, fein gehackt
- 2 Knoblauchzehen, fein gehackt
- Salz, Pfeffer
- etwas kalte Butter

Lammkotelett

- 4 Lammkoteletts
- Olivenöl
- Salz, Pfeffer

Für das Erbsenpüree

- 200 g tiefgekühlte Erbsen
- Salz

Zum Anrichten

- Thymian

Käseknödelfüllung

- Zwiebel in Butter farblos anschwitzen, zusammen mit Käsewürfeln und Wildkräutern zu den Weißbrotwürfeln geben.
- Eier mit Milch verrühren und über die Brotmischung gießen. Mit Salz und Pfeffer würzen und gründlich vermengen. Falls nötig, etwas Mehl unterkneten. Der Teig darf nicht auseinanderfallen.

Lamm

- Fleisch auslösen, salzen und pfeffern. Die Knödelmasse zu einer Rolle formen, auf das Fleisch legen und einrollen. Mit Küchengarn zubinden und im heißen Olivenöl auf allen Seiten anbraten. Im vorgeheizten Backofen bei 170 Grad etwa 1 Stunde schmoren lassen.
- Lorbeerblatt, Wurzelgemüse und Tomatenmark zum Fleisch geben und mit Rotwein ablöschen. Mit Gemüsebrühe aufgießen und zugedeckt noch etwa 1 Stunde schmoren lassen. Dabei Fleisch des Öfteren wenden und mit Flüssigkeit begießen. Etwa 5 Minuten vor Ende der Garzeit klein gehackten Rosmarin, Salbei und Knoblauch dazugeben.
- Fleisch herausnehmen, in Alufolie wickeln und warm halten. Vor dem Servieren in Scheiben schneiden.
- Die Sauce (wenn nötig entfetten) etwa 15 Minuten einkochen lassen. Am Ende mit Thymian, Salz und Pfeffer abschmecken und eventuell mit kalter Butter binden.

Lammkotelett

- Die Lammkoteletts salzen, pfeffern und kurz in Olivenöl anbraten. Im vorgeheizten Backofen bei 160 Grad etwa 13 Minuten garen. Einige Minuten abgedeckt ruhen lassen.

Erbsenpüree

- Die tiefgekühlten Erben kurz blanchieren und im Mixer pürieren. Durch ein Haarsieb streichen und etwa 10 Minuten in einem Topf erwärmen. Mit Salz würzen.

Anrichten

- Etwas Erbsenpüree auf die Teller geben. Lammbauch in Scheiben schneiden und anlegen, mit Thymiansauce beträufeln und mit Thymianzweig garnieren. Lammkoteletts daneben platzieren.

Tipp

Ehe die *Knödelfüllung* eingerollt wird, kann man den Lammbauch auch mit etwas Lammfaschiertem bestreichen.

Weinempfehlung

Blauburgunder »Panigl«
Weingut Klosterhof, Oskar Andergassen, Kaltern

Sarner Pfingischt-Grunggln mit Topfenmousse und Apfelchips

Im Sarntal werden zu Pfingsten traditionell »Grunggln« zubereitet. Dieses mächtige Gericht wird hier von einer leichten Topfenmousse und säuerlichen Apfelchips flankiert.

Für die Grunggln

- 300 g Mohn, fein gemahlen
- 100 g Kloazn
- ½ Apfel, geraspelt
- 10–15 g Honig
- 125 g Bier
- 125 g Mehl
- 1 Ei
- Öl zum Frittieren

Für die Topfenmousse

- 250 g Topfen
- 40 g Staubzucker
- 1 Vanilleschote
- ½ unbehandelte Orange (Saft und Schale)
- 100 g Eiweiß
- 90 g Zucker
- 300 g Sahne

Für die Apfelchips

- 1 Apfel
- 40 g Läuterzucker (Wasser und Zucker im Verhältnis 1:1)

Zum Anrichten

- Himbeermarmelade
- Minze
- Mohn
- Staubzucker

Grunggln

- Kloazn in Wasser kurz aufkochen lassen und heiß durch die Flotte Lotte passieren. Mit dem gemahlenen Mohn vermengen. Geraspelten Apfel und Honig dazugeben, eventuell mit Staubzucker abschmecken. Aus der Masse kleine Klößchen formen.
- Bier, Mehl und Eigelb verrühren. Eiweiß steif schlagen und unterheben, salzen.
- Grunggln durch den Bierteig ziehen und im heißen Öl goldgelb ausbacken. Auf Küchenpapier abtropfen lassen.

Topfenmousse

- Vanilleschote aufschlitzen und Mark herauskratzen. Zusammen mit Topfen, Staubzucker, etwas Orangenschale und -saft verrühren. Eiweiß und Zucker dazugeben und gut unterrühren. Zum Schluss die Sahne zufügen.
- Alles in einen Siphon füllen und mit 1–2 Gaspatronen laden.

Apfelchips

- Den Apfel mithilfe einer Aufschnittmaschine in dünne Scheiben schneiden. Zusammen mit Läuterzucker in einen Vakuumbeutel geben, vakuumieren und in einem Topf mit Wasser kurz aufkochen.
- Apfelscheiben herausnehmen, auf ein mit Backpapier ausgelegtes Backblech oder auf eine Silpatmatte legen und im vorgeheizten Backofen bei 70 Grad etwa 6 Stunden trocknen lassen.

Anrichten

- Etwas Himbeermarmelade auf einen Teller geben, Grunggln daraufsetzen und mit Staubzucker bestreuen. Topfenmousse und Apfelchips aufschichten. Mit Minze, Mohn und Staubzucker garnieren.

Weinempfehlung
Rosenmuskateller
Ansitz Waldgries, Christian Plattner, Bozen

Pfingischt-Grunggln Im Sarntal werden Traditionen und Brauchtum besonders gepflegt, auch in der Küche. So gibt es zum Beispiel eine Süßspeise, die nur zu Pfingsten zubereitet wird: die Pfingischt-Grunggln, mit Mohn, getrockneten Birnen und Honig gefüllte Teigkugeln, die in Fett ausgebacken werden. Früher wurde diese Köstlichkeit am Pfingstabend auf den Bauernhöfen serviert und sogar die Dienstboten – für die eine strenge Tischordnung galt – durften nach Herzenslust zugreifen. Die Mädchen übergaben die in ein Tuch gehüllten Grunggln als Liebesgabe ihrem Auserwählten. Früher waren die Grunggln ausgesprochene Kalorienbomben, heute werden sie leichter und bekömmlicher als einst zubereitet. Jede Bäuerin hat ihr ganz spezielles Rezept.

Gerhard Wieser

Traditionelles mit Neuem verbinden

Traditionelles mit Neuem verbinden

Berufliche Stationen

seit 1992 Hotel Castel, Dorf Tirol, Südtirol

seit 1992 Diverse Auslandserfahrungen, u.a. Grad Hotel Victoria Jungfrau, Interlaken (CH), Restaurant Tantris, München (D), Restaurant Schwarzwald-Stube im Hotel Traube-Tonbach, Harald Baiersbronn, Wohlfahrt (D), Hotel The Westin Plaza, Singapur, Restaurant Dieter Müller im Schlosshotel Lerbach, Bergisch Gladbach (D), Restaurant Vendôme im Grand Hotel Schloss Bensberg, Joachim Wissler, Bergisch Gladbach (D)

seit 1994 Diverse kulinarische Events im Ausland

seit 2001 Gourmetrestaurant Trenkerstube im Hotel Castel, Dorf Tirol, Südtirol

Buchautor von »So kocht Südtirol«

Consultant im Feinkost- und Lebensmittelbereich

■ Gerhard Wieser ist ein kulinarischer Tüftler, ein handwerklicher Perfektionist, und seine Küche ist eine durchdachte Symphonie aromatischer und schmackhafter Zutaten, das Resultat einer leichten Küche, die auf allerbeste Qualität setzt. Die Gerichte besitzen Tiefgang und setzen eigene Akzente, und Wieser liebt es, hier und da geschmackliche Überraschungsmomente einzustreuen.

Gerhard Wieser ist aber nicht nur ein kulinarischer Weltbürger, sondern in erster Linie auch Südtiroler, genauer gesagt Pusterer. Und in der Region und mit ihren Produkten nimmt seine Kochkunst auch ihren Anfang. Doch Wieser wäre nicht Wieser, würde er lediglich die kulinarischen Grenzen Südtirols ausreizen. So ist sein Schaffen im Gourmetrestaurant »Trenkerstube« im Fünfsternehotel Castel in Dorf Tirol konsequent davon beseelt, Bewährtes mit Neuem zusammenzubringen, die Region mit den Aromen der Welt zu verschmelzen.

Aber vor allem will er die Potenzierung des Geschmacks vorantreiben und somit der Region und ihren Produkten die Kraft des Exotischen, des Extraterritorialen hinzufügen, um das Produkt noch stärker als Protagonist dastehen zu lassen. In dieser so simpel klingenden Formel liegt das ganze Geheimnis eines hervorragenden Koches und die ganze Freude des Gourmets, wenn er eine solche Küche genießen darf.
Wieser stellt es dem Gast frei, zwischen einem klassischen Menü und einer experimentellen Speisenfolge zu wählen. Doch man sollte sich auf die kulinarische Weltreise mit Gerhard Wieser einlassen, der wie ein umsichtiger Reiseführer zum Bauernhof am Hausberg von Dorf Tirol führt, ebenso zielsicher aber auch nach Spanien, Frankreich und insbesondere nach Italien. Aus dem Stiefelstaat schöpft er seine Inspiration, sein größtes Interesse liegt wohl darin, diese Geschmackswelt zu begreifen und zu vertiefen. Ganz gleich, wo der kulinarische Exkurs hinführt, schon der erste Bissen verrät, dass hier ein Koch am Werk ist, der feine, leise Töne in die Grande Cuisine einbringt, der sehr akzentuiert und subtil Geschmackswelten schafft, die in Perfektion ineinandergreifen und von einer betörenden Leichtigkeit sind.

Saiblingsfilet in Tomatenfond mit Kräutersalat und Fenchelkörnern

Der delikate Saibling, die Kraft der Tomate, die Frische der Kräuter und die karamellisierten Fenchelkörner finden in diesem Gericht eine fein abgestimmte, aromatische Einheit.

Für den Saibling und die Fenchelkörner

4	Saiblingsfilets à 120 g, ohne Haut und Gräten
	weißer Pfeffer
	Fleur de Sel
500 g	Olivenöl zum Confieren
1 EL	Fenchelkörner
1 TL	Staubzucker

Für den Tomatenfond

700 g	Cocktailtomaten
50 g	Mineralwasser
10 g	Estragonessig
20 g	Noilly Prat (Vermouth)
1	Knoblauchzehe
5	Estragonblätter
4	Basilikumblätter
1 Stängel	Petersilie
1 Msp.	Zucker
1 Spritzer	Tabasco
8	Korianderkörner, zerdrückt
6	weiße Pfefferkörner, zerdrückt
	Zitronensaft
	Salz
1 Msp.	Xantana (über Internetversand)
30 g	mildes Olivenöl

Für den Kräutersalat und das Dressing

100 g	Blattsalate (z. B. Kresse, Frisée, Feldsalat), essbare Blüten und Kräuter (z. B. Kerbel, Petersilie, Schnittlauch, Estragon)
40 g	Weißweinessig
30 g	Geflügelfond (s. Grundrezept S. 223)
20 g	Sesamöl
40 g	Olivenöl
1	Schalotte
1 TL	Schnittlauch
1 TL	Estragonblättchen
	weißer Pfeffer
	Salz

Zum Anrichten

	Saiblingshaut, getrocknet (s. Tipp)
200 g	Kaiserschoten, in feine Streifen geschnitten
2 EL	Olivenöl
1	Schalotte, fein gehackt
	Salz

Saiblingsfilet und Fenchelkörner

- Fenchelkörner in einer Pfanne ohne Öl leicht rösten, mit Staubzucker bestreuen und karamellisieren lassen. Auf Backpapier geben und auskühlen lassen.
- In einem flachen Kochtopf Olivenöl auf 50 Grad erwärmen. Saiblingsfilets dazugeben und im Öl etwa 20 Minuten confieren lassen. Herausnehmen, auf Küchenpapier legen und mit weißem Pfeffer und Fleur de Sel würzen. Mit Fenchelkörnern bestreuen.

Tomatenfond

- Tomaten mit Mineralwasser, Estragonessig und Salz im Mixer pürieren, in ein Sieb (mit Küchentuch auslegen) geben und über Nacht abtropfen lassen.
- 150 g Tomatensaft beiseite stellen. Den restlichen Saft mit Noilly Prat, Knoblauch, Estragon- und Basilikumblättern, Petersilie, Zucker, Tabasco, Koriander- und Pfefferkörnern einkochen lassen, bis noch etwa ⅓ Flüssigkeit übrig ist.
- Xantana einrühren, vom Herd nehmen und abseihen. Zum vorher abgenommenen Tomatensaft geben. Mit Olivenöl, Zucker, Zitronensaft und Salz abschmecken.

Kräutersalat und Dressing

- Salate und Kräuter fein abzupfen, waschen und trocken tupfen.
- Weißweinessig und Geflügelbrühe vermischen, Sesam- und Olivenöl einrühren, sodass eine homogene Verbindung entsteht. Schalotte, Schnittlauch und Estragon fein hacken und dazugeben, mit Salz und Pfeffer würzen.
- Salate mit dem Dressing marinieren.

Anrichten

- Kaiserschotenstreifen und Schalotte in Olivenöl dünsten, mit Salz abschmecken. Auf tiefen Tellern anrichten. Saiblingsfilets darauflegen und Tomatenfond angießen. Mit Salat und getrockneter Saiblingshaut garnieren.

Tipp

Für die *getrocknete Saiblingshaut* legt man die Haut zwischen Backpapier auf ein Backblech und beschwert alles mit einem weiteren Blech. Im Backofen bei 180 Grad 10 Minuten trocknen lassen.

Weinempfehlung

Chardonnay »Ateyon«
Weingut Loacker, Bozen

Pochiertes Ei mit Steinpilzen und braunem Butterschaum

Das Gericht spielt mit der Textur der einzelnen Komponenten. Während die Konsistenz von Eiweiß und Eigelb dieselbe ist, sorgt die Hühnerhaut für das knusprige Geschmackserlebnis. Der luftige, nussige Butterschaum rundet das Ganze ab.

Für die pochierten Eier

4	Eier (aus Freilandhaltung)
	Fleur de Sel

Für den Speckfond

200 g	Bauchspeck, gekocht
300 g	Schulterschinken, gekocht
400 g	Geflügelfleisch
3	Eiweiß
1	Knoblauchzehe
2 Stängel	Petersilie
2	Thymianzweige
1	Lorbeerblatt
4	Pfefferkörner, zerdrückt
2 l	Geflügelfond (s. Grundrezept S. 223)
40 g	weißer Balsamico-Essig
	Salz

Für den braunen Butterschaum

130 g	Speckfond
80 g	braune Butter
50 g	kalte Butter
	weißer Balsamico-Essig
	Salz, Pfeffer
3 g	Sojalecithin (aus der Apotheke)

Für die Steinpilze

200 g	Steinpilze
1	Schalotte, fein gehackt
1 EL	Butter
2 EL	Madeira
½	Lorbeerblatt
1 TL	Petersilie, fein gehackt
	Salz, Pfeffer

Zum Anrichten

Petersilienpüree (s. Grundrezept, S. 225)
Brotcroûtons
Hühnerhaut (s. Tipp)

Pochierte Eier

- Eier (mit Schale) auf den Backrost legen und im vorgeheizten Backofen bei 60 Grad (Umluft) etwa 45 Minuten garen. Vorsichtig schälen, auf Küchenpapier legen und mit Fleur de Sel würzen.

Speckfond und brauner Butterschaum

- Bauchspeck, Schulterschinken und Geflügelfleisch grob durch den Fleischwolf drehen und in einen großen Topf geben. Eiweiß, Knoblauch, Petersilie, Thymian, Lorbeerblatt, Pfefferkörner, Balsamico-Essig und Geflügelfond dazugeben. Unter ständigem Rühren langsam zum Kochen bringen, dann ohne umzurühren etwa 1½ Stunden köcheln lassen.
- Durch ein mit einem Küchentuch ausgelegtes Sieb gießen, entfetten und mit Salz abschmecken.
- Speckfond aufkochen, die braune Butter mit dem Stabmixer einarbeiten. Kalte Butterwürfel nach und nach zufügen und weitermixen. Mit Essig, Salz und Pfeffer abschmecken.
- Sojalecithin dazugeben und mit dem Stabmixer aufschäumen.

Steinpilze

- Steinpilze je nach Größe halbieren, vierteln oder in Scheiben schneiden. Schalotte in Butter farblos anschwitzen, Steinpilze und Lorbeerblatt dazugeben, salzen und pfeffern. Mit Madeira ablöschen und einige Minuten dünsten lassen. Mit gehackter Petersilie bestreuen.

Anrichten

- Steinpilze auf Teller geben, Ei daraufsetzen und Petersilienpüree daneben anrichten. Mit Butterschaum, Hühnerhaut und Brotcroûtons garnieren.

Tipp
Hühnerhaut vom Fett befreien, zwischen zwei Bögen Backpapier auf ein Backblech legen. Mit einem zweiten Backblech beschweren und im vorgeheizten Backofen bei 190 Grad 10–15 Minuten garen, bis die Haut schön knusprig ist.

Weinempfehlung
Müller Thurgau »Feldmarschall v. Fenner«
Kellerei Tiefenbrunner, Kurtatsch

Freilandeier Einige Bauernhöfe in Südtirol haben sich auf die Freilandhühnerhaltung spezialisiert. Für die einwandfreie Qualität der Eier sind zwei Faktoren ausschlaggebend. Erstens: Die Hühner müssen tagsüber uneingeschränkten Zugang ins Freie und einen großen Auslauf haben, der ihnen das Picken und Scharren ermöglicht. Zweitens: Das Futter muss rein pflanzlichen Ursprungs und frei von gentechnisch veränderten Organismen sein.

Gebrannte Mehlschlutzer mit Rohnen auf Gorgonzolasauce und Kräutersalat

Die Brennsuppe war früher ein typisches Arme-Leute-Essen. Hier wird daraus ein mit Rohnen gefüllter Schlutzkrapfen, der wunderbar mit Gorgonzola harmoniert.

Für den Teig

60 g	Roggenmehl
190 g	Weizenmehl
1	Ei
40 g	lauwarmes Wasser
1 EL	Sonnenblumenöl
	Salz

Für die Füllung

200 g	Rohnen
30 g	Lauch, in feine Würfel geschnitten
20 g	weißer Speck, in feine Würfel geschnitten
1 TL	Butter
1 TL	Balsamico-Essig
1 TL	Petersilie, fein gehackt
1 EL	Parmesan, fein gerieben
	Salz

Für die Gorgonzolasauce

200 g	Gorgonzola
100 g	Fleischbrühe
30 g	Sahne
½ TL	Walnussöl
1 Spritzer	Zitronensaft
	Salz, weißer Pfeffer

Für den Kräutersalat und das Dressing

60 g	Kräuter (z. B. Kerbel, Petersilie, Schnittlauch, Estragon, Kresse)
½ TL	Dijon-Senf
40 g	Apfelessig
30 g	Fleischbrühe
1 TL	Sherry
30 g	Walnussöl
30 g	Maiskeimöl
1	Schalotte, fein geschnitten
	Salz, weißer Pfeffer

Zum Anrichten

1 EL	Kreuzkümmel-Karamell (s. Tipp)
4 TL	Rohnensaft
	gebranntes Mehl

Nudelteig und Füllung

- 50 g Weizenmehl in einem Topf ohne Zugabe von Fett braun anrösten. Zusammen mit dem restlichen Weizen- und Roggenmehl vermischen, salzen. Ei mit lauwarmem Wasser und Öl verrühren und mit der Mehlmischung zu einem glatten Teig verkneten. Teig mit Klarsichtfolie abdecken und etwa 30 Minuten ruhen lassen.
- Rohnen weich kochen, schälen und in kleine Würfel schneiden. Lauch- und Speckwürfel in Butter anschwitzen, Rohnen dazugeben und kurz mitdünsten. Mit Balsamico-Essig, Petersilie, Parmesan und Salz würzen. Im Mixer pürieren und kalt stellen.
- Teig dünn ausrollen und Kreise (etwa 7 cm Ø) ausstechen. Etwas von der Füllung mit einem Spritzbeutel in die Mitte der Teigkreise spritzen. Die Ränder mit Wasser bestreichen und Schlutzkrapfen formen. In Salzwasser etwa 4 Minuten köcheln lassen.

Gorgonzolasauce

- Fleischbrühe zusammen mit Sahne aufkochen, Gorgonzola dazugeben. Auf dem Wasserbad bei 60 Grad mit dem Stabmixer 1 Minute mixen. Mit Walnussöl, Zitronensaft, Salz und Pfeffer abschmecken.

Kräutersalat und Dressing

- Kräuter waschen, fein hacken oder zupfen und auf Küchenpapier abtrocknen.
- Schalotte blanchieren. Dijon-Senf, Apfelessig, Fleischbrühe und Sherry gut vermischen. Walnuss- und Maiskeimöl einrühren, bis eine homogene Masse entsteht. Schalotte dazugeben und mit Salz und Pfeffer würzen.
- Kräuter mit dem Dressing marinieren.

Anrichten

- Gorgonzolasauce auf Teller geben, Schlutzer anlegen und mit Kräutersalat, Kreuzkümmel-Karamell und Rohnensaft garnieren.

Tipps

Für das *Kreuzkümmel-Karamell* röstet man 1 EL Kreuzkümmel in einer Pfanne ohne Fett leicht an, dann mit 1 TL Staubzucker bestreuen und karamellisieren lassen. Auf Backpapier geben und auskühlen lassen.

Bei der Herstellung der *Schlutzkrapfen* möglichst schnell arbeiten, da der Nudelteig leicht austrocknet.

Weinempfehlung
Riesling »Graf von Meran«
Meraner Kellerei

In Mohn gebratenes Rehrückenfilet mit Blumenkohl und Brombeeressigjus

Das Reh bekommt durch die Verbindung mit Mohn einen besonders intensiven Geschmack, der vom Blumenkohl leicht abgefedert und vom Brombeeressig sauer kontrastiert wird.

Für den Rehrücken

2	Rehrückenfilets, pariert
2 EL	Olivenöl
2 EL	Mohn
1 EL	Butter
½	Knoblauchzehe
1	Thymianzweig
1	Rosmarinzweig
1	Salbeiblatt
	Salz, Pfeffer
	Wacholderbeeren, fein gehackt

Für den gebratenen Blumenkohl

500 g	Blumenkohl
30 g	Butter
	Muskatnuss
	Salz

Für das Blumenkohlpüree

200 g	Blumenkohl
40 g	Milch
40 g	Sahne
1 EL	Butter
2 EL	Sahne, geschlagen
	etwas unbehandelte Orangenschale
1	kleine Zimtstange
1 Spritzer	Zitronensaft
	Salz

Zum Anrichten

	Maldon Sea Salt
2	Wacholderbeeren, zerdrückt
	rosa Pfefferkörner, zerstoßen
2 EL	Croûtons
1 EL	Schnittlauch, fein geschnitten
	Brombeeressigjus (s. Grundrezept S. 222)
4	Brombeeren

Rehrückenfilet

- Die beiden Rehrückenfilets salzen, pfeffern und gut mit Mohn einreiben. Im heißen Olivenöl auf allen Seiten anbraten und im vorgeheizten Backofen bei 160 Grad etwa 7 Minuten garen. Herausnehmen. Butter mit Knoblauch, Thymian, Rosmarin und Salbei schmelzen lassen und über das Fleisch gießen. Bei 60 Grad etwa 10 Minuten ruhen lassen.

Gebratener Blumenkohl

- Blumenkohl putzen, Röschen in dünne Scheiben schneiden und in Butter einige Minuten anbraten, mit Salz und Muskatnuss würzen.

Blumenkohlpüree

- Blumenkohl klein schneiden und mit Milch, Sahne, Orangenschale und Zimstange weich kochen (eventuell noch etwas Sahne nachgießen). Im Mixer pürieren und mit Salz, Zitronensaft, Butter und geschlagener Sahne abschmecken.

Anrichten

- Brombeeressigjus als Streifen in die Tellermitte geben, halbierte Fleischfilets anlegen und mit Pfefferkörnern, Maldon Sea Salt und Wacholderbeeren bestreuen. Auf der einen Seite den gebratenen Blumenkohl mit Croûtons und Schnittlauch anrichten, auf der anderen das Blumenkohlpüree. Mit einer Brombeere garnieren.

Tipp
Für das *Blumenkohlpüree* können Sie die Blumenkohlreste verwenden, die beim Putzen des Gemüses für den gebratenen Blumenkohl anfallen.

Weinempfehlung
Lagrein »Lindenburg«
Alois Lageder, Margreid

Himbeeren mit Ziegenjoghurtschaum und Eisenkrauteis

Ein leichtes Dessert, das mit Gegensätzen spielt: weich und krokant bzw. süß und sauer.

Für das Eisenkrauteis

- 200 g Milch
- 300 g Sahne
- 3 EL getrocknetes Eisenkraut (Verbena)
- ½ Stange Zitronengras
- 1 Prise Salz
- 5 Eigelb
- 110 g Zucker

Für die Karamellhippe

- 150 g Zucker
- 2,5 g Pektin (aus der Apotheke)
- 10 Kakaopulver
- 50 g Butter
- 40 g Glucosesirup
- 50 g Kakaomasse (aus dem Feinkostladen)
- 80 g Wasser

Für den Ziegenjoghurtschaum

- 40 g Sahne
- 160 g Ziegenjoghurt
- ½ Blatt Gelatine
- ½ Zitrone (Saft)
- 20 g Staubzucker

Für das Himbeergelee

- 150 g Wasser
- 80 g Himbeeren
- 90 g Himbeersirup
- 2 EL Himbeergeist
- 2 Spritzer Zitronensaft
- 1,5 g Agar-Agar (aus dem Bioladen)
- ½ Blatt Gelatine

Für die marinierten Himbeeren

- 300 g Himbeeren
- 2 EL Himbeergeist
- 2 Spritzer Zitronensaft
- 20 g Staubzucker

Für die Mandelluft

- 300 g Milch
- 200 g Mandeln
- 3 Tropfen Mandelöl

Zum Anrichten

- Eisenkraut
- Himbeersauce

Eisenkrauteis

- Milch mit Sahne, Eisenkraut, Zitronengras und Salz aufkochen. Über Nacht im Kühlschrank ziehen lassen. Erneut aufkochen.
- Eigelb mit Zucker auf dem Wasserbad schaumig schlagen und in die kochende Eisenkraut-Milch rühren. Auf dem Wasserbad zur Rose abziehen. Durch ein Sieb gießen und abkühlen lassen. In der Eismaschine gefrieren lassen.

Karamellhippen

- Butter, Glucosesirup und Kakaomasse schmelzen lassen, Wasser dazugeben und unter ständigem Rühren aufkochen. Zucker, Pektin und Kakaopulver vermischen und unterrühren.
- Teig mithilfe einer Schablone (10 x 14 cm) dünn auf eine Silpatmatte streichen und bei 170 Grad im vorgeheizten Backofen etwa 7 Minuten backen. Noch heiß über ein Vierkantholz rollen.

Himbeergelee und marinierte Himbeeren

- Gelatine in kaltem Wasser einweichen. Wasser, Himbeeren, Himbeersirup, Himbeergeist und Zitronensaft verrühren, aufkochen und abseihen. Agar-Agar einrühren und nochmals aufkochen lassen. Die ausgedrückte Gelatine dazugeben und alles etwa 1 cm hoch in eine flache viereckige Form gießen. Im Kühlschrank fest werden lassen. Anschließend in 1 x 1 cm große Würfel schneiden.
- Himbeergeist mit Staubzucker und Zitronensaft verrühren. Über die Himbeeren geben und marinieren lassen.

Ziegenjoghurtschaum

- Gelatine in kaltem Wasser einweichen, gut ausdrücken und in etwas Sahne auf dem Wasserbad auflösen.
- Ziegenjoghurt, Staubzucker und Zitronensaft verrühren, die aufgelöste Gelatine dazugeben. In einen Siphon füllen und mit 2 Patronen laden. Etwa 1 Stunde kalt stellen.

Mandelluft

- Mandeln ohne Fett in einer Pfanne rösten. Mit Milch aufkochen. Mandelöl dazugeben und 2 Tage im Kühlschrank ziehen lassen. Kurz vor dem Servieren erwärmen und mit dem Stabmixer aufschäumen.

Anrichten

- Karamellhippe mit Ziegenjoghurtschaum füllen und auf dem Teller platzieren. Die marinierten Himbeeren darauf anrichten, mit Mandelluft beträufeln. Eine Nocke Eisenkrauteis anlegen. Mit Eisenkraut, Himbeergeleewürfeln und -sauce garnieren.

Weinempfehlung
Rosenmuskateller
Castel Sallegg, Kaltern

Brombeeressigjus

Zutaten

1 kg	Wildknochen und -abschnitte
50 g	Speck
300 g	Zwiebeln
60 g	Sellerieknolle
50 g	Staudensellerie
4 EL	Olivenöl
100 g	Tomaten
250 g	kräftiger Rotwein
125 g	roter Portwein
1 EL	Cassislikör
3 EL	Brombeeressig
2 l	Wildfond (s. Grundrezept S. 224)
1 EL	getrocknete Steinpilze, in kaltem Wasser eingeweicht
1	Thymianzweig
1	Rosmarinzweig
3	Salbeiblätter
1	kleines Lorbeerblatt
4	Pfefferkörner, zerdrückt
1 EL	Wacholderbeeren, grob gehackt
30 g	kalte Butter
8	Brombeeren

Zubereitung

- Gemüse in grobe Würfel schneiden. Wildknochen klein hacken und zusammen mit Fleischabschnitten und Speck in Olivenöl scharf anbraten. Zwiebelwürfel dazugeben und mitbraten lassen. Sellerieknolle und Staudensellerie zufügen und ebenfalls mitrösten. Eventuell überschüssiges Fett abgießen und etwas auskühlen lassen.
- Tomaten dazugeben und kurz dünsten. Mit Rotwein, Portwein, Cassislikör und Brombeeressig ablöschen. Einreduzieren lassen. Mit Wildfond aufgießen und 2–3 Stunden köcheln lassen. Immer wieder Fett abschöpfen. Etwa 15 Minuten vor Ende der Kochzeit Thymian, Rosmarin, Salbei, Lorbeerblatt, Wacholderbeeren, Pfefferkörner und die eingeweichten Steinpilze dazugeben.
- Sauce durch ein feines Sieb gießen und auf die gewünschte Konsistenz einkochen lassen, mit Salz, Pfeffer und Brombeeressig abschmecken und mit kalter Butter aufmontieren. Zum Schluss die Brombeeren dazugeben.

Buttermilchsorbet

Zutaten

250 g	Buttermilch
7 g	Zitronensaft
30 g	Zucker
12 g	Glucosesirup

Zubereitung

- Zitronensaft erwärmen, Zucker und Glucosesirup darin auflösen. Buttermilch unterrühren und alles in die Eismaschine füllen und gefrieren lassen.

Gemüsefond

Zutaten

2 l	Wasser
1	Karotte
1	mittelgroße Zwiebel
½	Sellerieknolle
½ Stange	Staudensellerie
1	Knoblauchzehe
2 Stängel	Petersilie
1	Rosmarinzweig
1	Lorbeerblatt
5	Basilikumblätter

Zubereitung

- Alle Zutaten in einen Topf geben und etwa 2 Stunden köcheln lassen. Durch ein Sieb gießen und bis zur weiteren Verwendung warm stellen.

Tipp

Man kann den *Fond* gut vorbereiten und portionsweise einfrieren.

Geflügelfond

Zutaten

- 1 Suppenhuhn
- 1 Karotte
- 1 Zwiebel
- ½ Sellerieknolle
- ½ Stange Lauch (nur den weißen Teil)
- 1 Stange Staudensellerie
- 1 Knoblauchzehe
- etwas Petersilie
- 1 Thymianzweig
- 1 Lorbeerblatt
- 10 Pfefferkörner
- Salz

Zubereitung

- Suppenhuhn innen und außen gründlich waschen. Gemüse putzen und in grobe Stücke schneiden, Knoblauchzehe schälen. Huhn in einen großen Topf geben und mit kaltem Wasser bedecken. Zum Kochen bringen und auf kleiner Flamme etwa 1 Stunde köcheln lassen. Dann das Gemüse und die Gewürze zugeben und noch etwa 1 Stunde köcheln lassen. Hühnerbrühe durch ein Sieb passieren.

Tipp

Man kann den *Fond* gut vorbereiten und portionsweise einfrieren. Das Fleisch kann man sehr gut für andere Gerichte verwenden.

Geräucherte Entenbrust

Zutaten

- 250 g Räuchermehl (aus dem Angelsportgeschäft)
- 1 Rosmarinzweig
- 1 Thymianzweig
- 1 Knoblauchzehe
- 10 Wacholderbeeren
- 10 Pfefferkörner
- 4 Entenbrüste, küchenfertig pariert

Zubereitung

- Räuchermehl, Kräuter, Knoblauch und Gewürze gleichmäßig in einem Topf verteilen, Alufolie darauflegen und auf diese die Entenbrüste. Mit einem gut schließenden Topfdeckel abdecken. Den Topf auf dem Herd erhitzen, bis das Mehl anfängt zu qualmen. Vom Herd nehmen und am besten ins Freie tragen. Achtung: starke Rauchentwicklung! Das Gargut etwa 10 Minuten räuchern. Den Deckel immer auf dem Topf lassen und die fertig geräucherte Entenbrust nur im Freien aus dem Topf nehmen!

Tipp

Man kann auf diese Weise auch *Fisch* oder andere Fleischstücke räuchern.

Himbeergelee

Zutaten

- 300 g Himbeeren
- 15 g Glucosesirup
- 12 g Zitronensaft
- 60 g Zucker
- 2 g Agar-Agar (aus dem Bioladen)

Zubereitung

- Himbeeren pürieren und durch ein Haarsieb passieren.
- 225 g Himbeerpüree mit den restlichen Zutaten vermischen und etwa 3 Minuten aufkochen lassen.
- Etwa 1 cm hoch auf ein Blech geben und auskühlen lassen. Vor dem Servieren in Streifen schneiden.

Himbeermark

Zutaten

- 250 g Himbeeren
- 70 g Staubzucker
- ½ Zitrone (Saft)

Zubereitung

- Himbeeren mit Staubzucker und Zitronensaft pürieren und durch ein Haarsieb streichen.

Himbeersauce

Zutaten

250 g	Himbeeren, gefroren
15 g	Zucker
10 g	Gelierzucker
10 g	Himbeergeist

Zubereitung

- Himbeeren in eine Schüssel geben und im Wasserbad bei 80 Grad etwa 3 Stunden abgedeckt ziehen lassen. Dabei nicht umrühren, da der Saft sonst trüb wird.
- Abkühlen lassen und durch ein Sieb gießen. Zucker und Himbeergeist zufügen, kurz aufkochen und abkühlen lassen.

Hollersirup

Zutaten für etwa 4 l Sirup

2 l	Wasser
3 kg	Zucker
50 g	Zitronensäure oder Weinsäure
4	unbehandelte Zitronen
60	Hollerblütendolden

Zubereitung

- Wasser mit Zucker aufkochen, Zitronen- oder Weinsäure dazugeben und auskühlen lassen. Zitronen blanchieren, abtrocknen und halbieren. Hollerblüten abbrausen, von den Stielen befreien und zusammen mit den Zitronenhälften zum Zuckerwasser geben. Gut umrühren und an einem kühlen Ort bzw. im Kühlschrank (bei 7 Grad) 5 Tage stehen lassen. Durch ein Haarsieb gießen und in Flaschen füllen. Hält sich im kühlen, dunklen Keller einige Monate.

Kalbs-, Lamm- oder Wildfond

Zutaten

2 kg	Knochen (Kalb, Lamm oder Wild)
1	Karotte
1	Zwiebel
1 Stange	Staudensellerie
5	Knoblauchzehen
2	Lorbeerblätter
3	Thymianzweige
2	Rosmarinzweige
1 EL	Tomatenmark
100 g	Olivenöl
5 l	Gemüsefond (s. Grundrezept S. 222)
	Salz, Pfeffer

Zubereitung

- Die zerkleinerten Knochen in Olivenöl kräftig anrösten. Zwiebel, Karotte, Knoblauch, Staudensellerie, Lorbeerblätter und Tomatenmark dazugeben und ebenfalls kräftig rösten. Mit Gemüsefond aufgießen, Thymian und Rosmarin hineingeben und etwa 4 Stunden köcheln lassen. Mit Salz und Pfeffer abschmecken. Durch ein Haarsieb gießen und auf die gewünschte Konsistenz einkochen.

Tipp

Fonds lassen sich sehr gut auf Vorrat herstellen und portionsweise einfrieren.

Konditorcreme

Zutaten

125 g	Milch
½	Vanilleschote
	etwas Zitronenschale (in Zesten)
1 Prise	Salz
1	Eigelb
30 g	Zucker
15 g	Mehl

Zubereitung

- Vanilleschote längs aufschneiden und Mark herauskratzen. Zusammen mit 100 g Milch, Zitronenschale und Salz aufkochen lassen. Die restliche kalte Milch in einer Schüssel mit Eigelb, Zucker und Mehl verrühren. Die kochende Milch zur Eiermasse gießen und alles gut durchrühren. In einen Topf geben und 2–3 Minuten unter ständigem Rühren kochen. Im Kühlschrank abkühlen lassen.

Nudelteig

Zutaten

1 kg Weizenmehl
100 g Hartweizengrieß
20 Eigelb
2 Eier
1 Prise Salz
etwas Olivenöl
etwas Wasser

Zubereitung

- Mehl und Hartweizengrieß auf ein Brett sieben und in die Mitte eine Mulde hineindrücken. Eigelb, Eier, Öl und Salz in die Mulde geben und vorsichtig mit den Fingern von innen nach außen mit dem Mehl vermischen. 10–15 Minuten kneten. Den Teig in Klarsichtfolie einwickeln und 1–2 Stunden ruhen lassen.

Petersilienpüree

Zutaten

150 g Petersilienblätter
2 EL Butter
50 g Sahne
2 EL Sahne, geschlagen
1 Spritzer Zitronensaft
Salz

Zubereitung

- Petersilienblätter etwa 10 Minuten in Salzwasser kochen, abseihen und in Eiswasser abschrecken. Gut ausdrücken und im Mixer pürieren. Zusammen mit der Sahne erhitzen und mit Salz und Zitronensaft würzen. Mit Butter und geschlagener Sahne abschmecken.

Salatvinaigrette

Zutaten

180 g Olivenöl
60 g Balsamico-Essig
Salz, Pfeffer

Zubereitung

- Alle Zutaten zu einer Vinaigrette verrühren.
  Die Vinaigrette hält sich im Kühlschrank einige Tage.

Weiße Schokoladenmousse

Zutaten

250 g weiße Schokolade
2 Blätter Gelatine, in kaltem Wasser eingeweicht
1 Eigelb
1 Ei
40 g Zucker
45 g Himbeergeist
560 g Sahne, geschlagen

Zubereitung

- Schokolade auf dem Wasserbad langsam schmelzen lassen. Zucker und Eier auf dem Wasserbad schaumig schlagen. Erst die eingeweichte Gelatine, dann die geschmolzene Schokolade unterrühren. Himbeergeist zufügen und die geschlagene Sahne unterheben. Kalt stellen.

Wildgrundsauce

Zutaten

750 g Wildfond (s. S. 224)
1 EL scharfes Paprikapulver
250 g leichter Rotwein
Muskat
etwas Speisestärke
Salz, Pfeffer

Zubereitung

- Den Wildfond mit den Gewürzen und dem Rotwein abschmecken, mit Speisestärke binden und aufkochen lassen. Sauce nach Belieben mit Thymian, Rosmarin, Orangen- und Zitronensaft, Preiselbeeren, zerdrückten Wacholderbeeren oder anderen Zutaten würzen. Durch ein feines Sieb passieren.

Zitronenvinaigrette

Zutaten

8 EL Olivenöl
1 Zitrone, Saft
Salz, Pfeffer

Zubereitung

- Zitronensaft mit Olivenöl kräftig verrühren und mit Salz und Pfeffer würzen.

Stefan Stabler,

Jahrgang 1967, ist Journalist und Buchautor aus Südtirol mit Themenschwerpunkt Essen und Trinken sowie Tourismus. Chefredakteur eines Tourismusmagazins, Mitautor einer kulinarischen TV-Sendereihe, unzählige Veröffentlichungen in Medien südlich und nördlich des Brenners (u. a. Dolomiten, Papageno, Süddeutsche Zeitung). Jüngst veröffentlichte Bücher: »Slow Food Führer Südtirol«, »Südtiroler Hotels zum Verlieben«, »Burgen und Ansitze in Südtirol«. Für die »Neue Südtiroler Küche« ist er sowohl Herausgeber als auch Autor.

Andreas Marini,

Jahrgang 1966, entstammt einer Künstler- und Theaterfamilie. Seit 1992 als Berufsfotograf tätig, widmete er sich zunächst der Theaterfotografie und kam durch die Bekanntschaft mit dem Fotografen Claudio Gretter zur Werbefotografie. Seit 2001 selbstständiger Fotograf mit eigenem Studio in Meran und Kunden aus dem In- und Ausland. Zahlreiche Veröffentlichungen, Preise für Theaterfotografie, Einzelausstellungen, Bücher, Werbekataloge, Kalender und die Zusammenarbeit mit Künstlern prägen sein Repertoire. Andreas Marini ist auch künstlerisch tätig.

BILDNACHWEIS

Südtiroler Viehvermarktungskonsortium Kovieh: Seite 44
EOS, Frieder Blickle: Seite 9 u, 38, 66, 88, 128, 144, 164, 200
Christoph Mayr: Seite 8
Stockfood: Seite 58 (Roger Stowell), 160
www.fotolia.com: Seite 92 (Nicolaus Larento), 116

Ein Dank

Ein Kochbuch ist immer das Ergebnis einer Teamarbeit. Zunächst gab es nur eine Idee und ein weißes Blatt Papier. Dann mussten die für diese Idee passenden Köche gefunden werden; also jene Köche, die für das neue kulinarische Südtirol stehen und dieses Bewusstsein auch tagtäglich leben. In diesem Zusammenhang ist die Bereitschaft der 15 Meisterköche, sich auf eine Diskussion mit dem Autor einzulassen, besonders positiv hervorzuheben. Es galt, sich auf eine einheitliche Linie zu einigen, gemeinsam Gerichte zu bestimmen, zu kochen und nachträglich zu besprechen.
Für ein Kochbuch braucht es natürlich eine exzellente Fotografie, die den Grundgedanken des Buches aufgreift und bildlich umsetzt. Das ist – aber urteilen sie selbst – dem Fotografen Andreas Marini vorzüglich gelungen. Schlussendlich muss die Grafik alle Elemente gefällig zusammenfügen … der Verlag den Mut haben, Ideen neuer Autoren umzusetzen … der Verlagskoordinator bereit sein, sich auf inhaltliche Diskussionen einzulassen … das Marketing Wege finden, das Buch gut in Szene zu setzen … Äußerst wertvoll erwies sich auch der Blick von außen auf die Texte durch Kathrin Kötz, die das Lektorat zum Buch übernahm. Wie gesagt: Es ist das Schaffen eines Teams.
Erlauben Sie mir aber an dieser Stelle noch einen besonderen Dank an Meisterkoch Herbert Hintner. Ohne seine Anregung während eines gemeinsamen Kaffees, man solle doch einmal ein Kochbuch zum neuen kulinarischen Südtirol schreiben, gäbe es das Buch in dieser Form wohl kaum, ohne sein leidenschaftliches Vorsprechen beim Verlag ebenso wenig. Auch war er für mich stets ein wertvoller Ansprechpartner, wenn es darum ging, inhaltliche Zweifel zu klären oder eine kompetente, vorurteilsfreie Meinung zu hören.
Der allerletzte Dank geht an meine Frau Bouchra, die an vielen Wochenenden auf die gemeinsame Freizeit verzichtet hat, um mir das Recherchieren, Produzieren und Schreiben dieses Kochbuchs zu ermöglichen. Klar, dass ich ihr so manches Gericht aus diesem Kochbuch bereits gekocht habe bzw. noch kochen werde.

STEFAN STABLER

Haben Sie Fragen zu den Gerichten? Hier erreichen Sie die Köche ...

Karl Baumgartner
Restaurant Schöneck
Schloss-Schöneck-Straße 11
39030 Pfalzen
Tel: +39 0474 565 550

Thomas Haselwanter
Restaurant Unterwirt in der Pension Unterwirt
Gufidaun 45
39043 Klausen
Tel: +39 0472 844 000

Herbert Hintner
Restaurant Zur Rose
Josef-Innerhofer-Straße 2
39057 Eppan
Tel: +39 0471 662 249

Wolfgang Kerschbaumer
Restaurant La Passion
Sankt-Nikolaus-Weg 5
39030 Obervintl
Tel: +39 0472 868 595

Hannes Malfertheiner
Restaurant Sassegg
Schlernstraße 9
39040 Seis am Schlern
Tel: +39 0471 704 290

Armin Mairhofer
Restaurant Anna Stuben im Hotel Grödnerhof
Vidalongstraße 3
39046 St. Ulrich
Tel: +39 0471 796 315

Anna Matscher
Restaurant Zum Löwen
Hauptstraße 72
39010 Tisens
Tel: +39 0473 920 927

Norbert Niederkofler
Restaurant St. Hubertus im Hotel Rosa Alpina
Strada Micura de Rü 20
39030 St. Kassian
Tel: +39 0471 849 500

Chris Oberhammer
Restaurant Tilia
Weißkirchen 33
39030 Obervintl – ab 2010 mit neuer Adresse
Tel: +39 335 8127783

Hannes Pignater
vormals Restaurant Zum Steinbock in Villanders
heute auf kulinarischer Selbstfindung

Günther Plankensteiner
Restaurant Leuchtturm
Bayergasse 12
39032 Sand in Taufers
Tel: +39 0474 678 143

Heinrich Schneider
Restaurant Auener Hof im Hotel Auener Hof
Auen 21
39058 Sarnthein
Tel: +39 0471 623 055

Jörg Trafojer
Restaurant Kuppelrain
Bahnhofstraße 16
39020 Kastelbell
Tel: +39 0473 624 103

Gregor Wenter
Restaurant Bad Schörgau im Hotel Bad Schörgau
39058 Sarntal
Tel: +39 0471 623 048

Gerhard Wieser
Restaurant Trenkerstube im Hotel Castel
Keschtngasse 18
39019 Dorf Tirol
Tel: +39 0473 923 693

Wortlexikon Südtirolerisch-Deutsch

SÜDTIROLERISCH	DEUTSCH
Balsamico	Balsam-Essig
Boxelemehl	Mehl der getrockneten Johannisbrotbaumfrucht
Essiggurke	Gewürzgurke
Gewürztraminer	autochthone (einheimische) Südtiroler Weinsorte
Gnocchi	kleine Klößchen aus Kartoffelteig
Graukäse	typischer Südtiroler Sauermilchkäse
Gröstel	geschnetzeltes Fleisch, mit Brat-kartoffeln in der Pfanne zubereitet
Holler	Holunder
Kasknödel	Knödelvariation mit Käsefüllung
Kipflerkartoffeln	fest kochende Kartoffelsorte aus dem Pustertal
Kloazn	auch Kletzen, getrocknete Birnen
Kobis	Weißkohl
Kren	Meerrettich
Lauch	Porree
Marille	Aprikose
Muasmehl	grobes Weizenmehl
Peperoni	Paprikaschote
Pfifferling	Eierschwammerl
Pignoli	Pinienkerne
Polentamehl	Maisgrieß
Rohnen	Rote Bete
Rucola	Rauke
Schlutzkrapfen	Teigtaschen mit Spinatfüllung
Schmarrn	Mehlspeise
Selchkarree	geräuchertes Rippenstück (vom Schwein)
Staubzucker	Puderzucker
Strauben	in Fett ausgebackene Südtiroler Süßspeise
Topfen	Quark
Zwetschgen	Pflaumen

Worterklärungen

Nachstehende Begriffe wurden in dem vorliegenden Buch verwendet und werden in dieser Liste genauer erläutert.

Aufmontieren	Suppe oder Sauce mit kalter Butter aufschlagen
Brotklee	Gewürzpflanze
Bucheckern	Früchte der Rotbuche
Confieren	bei niedriger Temperatur garen
Corail	Rogen
Court Bouillon	einreduzierte Brühe
Fleur de Sel	französisches Spezialsalz
Flotte Lotte	Passiermühle
Fond blanc	helle Brühe aus weißem Fleisch
Klären	Entfernen von Trübstoffen oder anderen ungewünschten Bestandteilen
Lardo	weißer Speck
Madeira	Likörwein
Maldon Sea Salt	Spezialsalz aus England
Parieren	Fleisch von unerwünschten und nicht essbaren Teilen befreien
Peperoncino	scharfe Paprika
Peperonicoulis	Püree von Gemüse, Obst bzw. anderen Lebensmitteln
Silpat-Matte	Backmatte bzw. Unterlage zum Ausrollen, dass der Teig nicht klebt
Sojalecithin	Emulgator welcher Fett- und Wasser-moleküle verbindet und die Aufnahme von Luft in die Flüssigkeit z. B. bei Schäumen (Espumas) erleichtert.
Xantana	Bindemittel (über Internethandel erhältlich); ersatzweise kann auch Pfeilwurzelmehl oder Kartoffelmehl verwendet werden
Zesten	Schale von Orangen oder Zitronen, sehr dünn abgeschält oder abgerieben
Zur Rose abziehen	Creme oder Sauce im Wasserbad bis max. 82 Grad erhitzen und unter ständigem Rühren mit Eigelb binden

Register der verwendeten Produkte

Stichwörter mit **roter Seitenzahl** beziehen sich auf die Rezepte. Stichwörter mit *rot-kursiver Seitenzahl* sind als Tipp angegeben. Stichwörter mit **schwarzer Seitenzahl** beziehen sich auf Produktinformationenen.

Gerichte

VORSPEISEN

SUPPEN

WARME VORSPEISEN

HAUPTGERICHTE

DESSERTS

Trinkempfehlungen

WEISSWEINE

SEKT

ROTWEINE

DESSERTWEINE